सविता सिंह

सविता सिंह का जन्म फरवरी, 1962 को आरा, बिहार में हुआ। उन्होंने दिल्ली विश्वविद्यालय से राजनीतिशास्त्र में एम.ए., एम.फिल., पी-एच.डी. की। मांट्रियाल (कनाडा) स्थित मैक्गिल विश्वविद्यालय में साढ़े चार वर्ष तक शोध व अध्यापन किया। 'भारत में आधुनिकता का विमर्श' उनके शोध का विषय रहा। सेंट स्टीफेन्स कॉलेज से अध्यापन आरम्भ करके डेढ़ दशक तक उन्होंने दिल्ली विश्वविद्यालय में पढ़ाया। वे अमेरिका के इंटरनेशनल हर्बर्ट मारक्यूस सोसायटी के निदेशक मंडल की सदस्य एवं को-चेयर हैं।

उनके प्रकाशित कविता-संग्रह हैं—'अपने जैसा जीवन' (2001), 'नींद थी और रात थी' (2005), 'स्वप्न समय' (2013), 'खोई चीज़ों का शोक' (2021)। दो द्विभाषिक काव्य-संग्रह 'रोविंग टुगेदर' (अंग्रेज़ी-हिन्दी) तथा 'ज़ स्वी ला मेजों दे जेत्वाल' (फ्रेंच-हिन्दी) (2008)। उड़िया में 'जेयुर रास्ता मोरा निजारा' शीर्षक से संकलन प्रकाशित। अभी तक हिन्दी में अप्रकाशित एक और नए कविता-संग्रह 'प्रेम भी एक यातना है' का उड़िया अनुवाद प्रकाशित (2021)। अंग्रेज़ी में कवयित्रियों के अन्तर्राष्ट्रीय चयन 'सेवेन लीव्स, वन ऑटम' (2011) का सम्पादन जिसमें प्रतिनिधि कविताएँ शामिल। 'पचास कविताएँ : नई सदी के लिए' चयन शृंखला के तहत प्रतिनिधि कविताएँ प्रकाशित। ल फाउंडेशन मेजों देस साइंसेज ल दे'होग, पेरिस की पोस्ट-डॉक्टरल फैलोशिप के तहत कृष्णा सोबती के 'मित्रो मरजानी' तथा 'ऐ लड़की' उपन्यासों पर काम। राजनीतिक दर्शन के क्षेत्र में 'रियलिटी एंड इट्स डेप्थ : ए कन्वर्सेशन बिटवीन सविता सिंह एंड रॉय भास्कर' प्रकाशित। आधुनिकता, भारतीय राजनीतिक सिद्धान्त और भारत में नारीवाद आदि विषयों पर तीन बड़ी परियोजनाओं पर काम जारी। 'पोएट्री एट संगम' के अप्रैल 2021 अंक का अतिथि-सम्पादन।

कई विदेशी और भारतीय भाषाओं में कविताएँ अनूदित-प्रकाशित। कई विश्वविद्यालयों के पाठ्यक्रम में कविताएँ शामिल और उन पर शोध कार्य। हिन्दी अकादमी और रजा फाउंडेशन के अलावा 'महादेवी वर्मा पुरस्कार' (2016), 'युनिस डि सूजा अवार्ड' (2020) तथा 'केदार सम्मान' (2022) से सम्मानित।

सम्प्रति इन्दिरा गांधी राष्ट्रीय मुक्त विश्वविद्यालय (इग्नू) में प्रोफेसर, स्कूल ऑव ज़ेंडर एंड डेवलपमेंट स्टडीज़ की संस्थापक निदेशक।

ई-मेल : savita.singh6@gmail.com

प्रतिरोध का स्त्री-स्वर

समकालीन हिन्दी कविता

सम्पादक

सविता सिंह

राधाकृष्ण पेपरबैक्स

राधाकृष्ण पेपरबैक्स में
पहला संस्करण : 2023

राधाकृष्ण पेपरबैक्स : उत्कृष्ट साहित्य के जनसुलभ संस्करण

राधाकृष्ण प्रकाशन प्राइवेट लिमिटेड
जी-17, जगतपुरी, दिल्ली-110 051
द्वारा प्रकाशित

शाखाएँ : अशोक राजपथ, साइंस कॉलेज के सामने, पटना-800 006
पहली मंजिल, दरबारी बिल्डिंग, महात्मा गांधी मार्ग, प्रयागराज-211 001
वेबसाइट : www.radhakrishnaprakashan.com
ई-मेल : info@radhakrishnaprakashan.com

बी.के. ऑफसेट
नवीन शाहदरा, दिल्ली-110 032
द्वारा मुद्रित

मूल्य : ₹350

PRATIRODH KA STREE-SWAR
Samkaleen Hindi Kavita
Edited by Savita Singh

ISBN : 978-93-91950-90-3

एंजेला डेविस
वृंदा करात और
कुमुदनी पति के लिए

क्रम

प्रस्तावना *11*

शुभा **13**

सहजात 14, एक ख़याल 14, अतिमानवीय दुख 15, संवाद 15, गैंगरेप 16, भविष्य की ओर 18, असहाय 19, दिलरुबा के सुर 19, आदमख़ोर 21, सौभाग्य 22

शोभा सिंह **23**

प्रेम में गुँथी प्रकृति 24, मिसफिट 26, औरत बीड़ी मज़दूर 28, मिसाल : बिलकिस बानो 29, शाहीन बाग़ 34, अफ़ग़ान औरतें 37, गौरी लंकेश 40, अर्द्ध विधवा 41, यह सदी किसके नाम 45, डर से मुक्ति 49

निर्मला गर्ग **52**

कुहरा 53, तानाशाह 53, युद्ध 53, कलावादी का प्रलाप 54, डार्करूम 55, डायना 56, आस्था का कारोबार 56, अक्षरधाम में अक्षर नहीं 57, जनु समुंदर के लहर 59, ह्यूगो शावेज़ 60

कात्यायनी **62**

सात भाइयों के बीच 63, हॉकी खेलती लड़कियाँ 64, इस स्त्री से डरो 67, गार्गी 68, प्रार्थना 69, नई ईश-वंदना 70, एक बग़ावती प्रार्थना 72, आस्था का प्रश्न 72, गुजरात-2002-(तीन) 73, एक असमाप्त कविता की अति प्राचीन पांडुलिपि 74

अजंता देव **77**

गत्ते का मुकुट 78, कुछ शब्द बदल दें 78, जहर 79, युद्धबंदी 79, ख़ून 80, मौत 81, यह भी एक मृत्यु 81, शिकारी से बचने के अचूक मंत्र आधुनिक कुटिल इंद्रजाल से—मंत्र-एक 82, मंत्र-दो 82, शांति भी एक युद्ध है 82

प्रज्ञा रावत 83

जब मैं कहती हूँ 84, मंगल-गान 85, ईमानदार आदमी 87, प्रतिरोध 88, फतह 89, सुबह सवेरे 89, घर जाना 91, बाँके बिहारी 92, ईद मुबारक 94, बीजमंत्र 95

सविता सिंह 96

मैं किसकी औरत हूँ 97, स्वप्न के ये राग 98, देश के मानचित्र पर 106, जो कोई भी नेक इन्सान कहेगा 106, क़त्ल की रात कल ही गुज़री है 107, मृत्यु तुम कहाँ रहती हो 108, अधिनायक तंत्र 111, सहमति 112, संपत्ति यह पृथ्वी 112, अनिद्रा में 113, जहाँ मेरा देश था 114, अन्त 114

रजनी तिलक 116

प्यार 117, वजूद है 117, अर्धांगिनी नहीं पूरा शरीर हूँ 118, शिक्षा का परचम 119, नाचीज़ 120, औरत-औरत में अंतर है 120, योनि है क्या औरत 122, वेश्या 124, बुद्ध चाहिए, युद्ध नहीं 125, जीवन बदलेगा अवश्य 126

निवेदिता झा 127

ये कविता कई दिनों से मेरे भीतर थी 128, लक्ष्मी की पुकार 129, मजदूरों के नाम 131, अँधेरे समय की कविता 133, इस कविता को कोई नाम ना दो 134, मुखौटे 135, मृत्यु 137, मेरा ईश्वर 138, संताप 139, कविता 140

अनीता भारती 142

शब्द शीशे हैं 143, साँपों के बीच 144, अमानवीयता के इस दौर में 145, अपराधों का जश्न 147, घर वापसी 148, अब जबकि बढ़ चुके हैं ख़तरे 149, वे चाहते हैं 152, ढ़िढ़ोंरा पीटने वाले 153, अवसरवाद 154, प्रतिघात 155

हेमलता महिश्वर 157

नील 158, शिक्षा शेरनी का दूध है 158, संविधान और सपने 159, क्या सोच रहे होंगे वे चार नवयुवक हर चोट पर 161, रोज़-दर-रोज़ 162, प्यासा पानी 164, किसान 165, बाग़ बाग़ बाग़ है 167, तुम बोलो तो समाजवादी 167, प्रेम का मान 168

वंदना टेटे 169

बाँझी शहादत दिवस—19 अप्रैल, 1985 170, लो जी हम भी आ गये 170, पत्थलगड़ी की औरतें 172, जब मैं हाथ में ले लेती हूँ, 173, ए ढेंचुवा! आदविासी लोग कहाँ जाएँ? 174, राष्ट्रपति को लेटर 175, हम जानते हैं 177, यह कलिंग काल नहीं 178, जामुनी चेहरा 178, हर बिहान है उलगुलान 180

रीता दास राम 181

लिखना मिटाना 182, जानवर 182, स्त्री तुम 183, घटनाएँ 184, मनुष्य 185, समाज में स्त्री-पुरुष 186, चमगादड़ 187, प्यास और पानी 188, वे मार देना चाहते हैं 188, देश बदल रहा है 189

नीलेश रघुवंशी 190

इस लोकतंत्र में 191, समय और मुश्किल 192, खेल और युद्ध 193, अँधेरे में अँधेरे से 193, हिकारत 194, मेरा देश 195, शोर 196, हत्यारे 197, साँकल 197, संबोधन 198

निर्मला पुतुल 200

अपने घर की तलाश में 201, कुछ मत कहो सजोनी किस्कू 201, वह जो अकसर तुम्हारी पकड़ से छूट जाता है 203, क्या हूँ मैं तुम्हारे लिए 204, उतनी ही जनमेगी निर्मला पुतुल 205, ये वे लोग हैं जो... 206, मेरा सब कुछ अप्रिय है उनकी नज़र में 207, एक बार फिर 208, माँ के लिए, ससुराल जाने से पहले... 210, आओ, मिलकर बचाएँ 212

सीमा आज़ाद 214

जेल 215, राजसमंद 216, आई कांट ब्रीद 217, फिलीस्तीन के बच्चे 219, इंद्रधनुष 220, वरवर राव के लिए 221, चुनाव 222, महायात्रा 222, अगर तुम औरत हो 224, इज़्ज़त के नाम पर 226

सुशीला टाकभौरे 230

सूरज तुम आना 231, बाबा साहब 231, ईश्वर 232, मज़दूर 233, भयभीत लोग 234, नया साल मुबारक 235, कोरोना काल में सफ़ाई कामगार 236, आज का सत्य 237, गमले की फसल और 15 अगस्त 237, हमारा राष्ट्रीय पर्व 238

कविता कृष्णपल्लवी **240**

शिक्षा 241, कुछ निरर्थक काम जैसे कि... 242, स्त्रियों की प्रेम कविताओं के बारे में एक अप्रिय, कटु यथार्थवादी कविता 243, हादसा 246, साधारण के पीछे का रहस्यमय-रोमांचक गुप्त असाधारण 247, गाज़ा के एक बच्चे की कविता 248, इक्कीसवीं सदी के उजाड़ में प्यार, 250, एक दिन की बात 252, बाज़ार 254, जूतों पर एक काव्यात्मक विमर्श 256

जसिंता केरकेट्टा **259**

पहाड़ और प्यार 260, स्त्रियों का ईश्वर 262, आदिवासी लड़कियाँ 263, मेरा आदिवासी होना 265, आदिवासी क्यों प्रतिरोध करता है? 265, समय की सबसे सुंदर तस्वीर 267, मारे जाने के लिए 268, परवाह 269, उससे मेरा संबंध क्या था? 270, मैं देशहित में क्या सोचता हूँ 271

रुचि भल्ला **273**

शहर की तलाश 274, एक हक़ीकत एक फ़साना 275, करेलाबाग़ से शाहीनबाग़ तक 276, इस्तानबुल से इलाहाबाद तक 278, बत्तीस दाँतों का सच 280, मेरी आँखों में ठहरा शहर 281, दो जाम 283, एक काफ़िर ने कहा... 284, दो दिल एक राह 285, दुनिया टाइटैनिक जहाज नहीं 286

प्रस्तावना

आज हिन्दी में स्त्री-कविता अपने उस मुकाम पर है जहाँ से एक विहंगम अवलोकन ज़रूरी जान पड़ता है। शायद ही कभी इस भाषा के इतिहास में इतनी श्रेष्ठ रचना एक साथ स्त्रियों द्वारा स्त्री के लिये की गई हो। ख़ासकर कविता की दुनिया तो अंतर्मुखी ही रही है। आज वह पत्र-पत्रिकाओं, किताबों और सोशल मीडिया, सभी जगह स्त्री के अंतस्थल से नि:सृत हो अपनी सुंदरता में पसरी हुई है, लेकिन कविता किसलिए लिखी जा रही है, एक बड़ा सवाल यह भी है। क्या कविता वह काम कर रही है जो उसका ध्येय है? यह सवाल यदि कोई स्त्री पूछे तो उसका अपना एक निश्चित आशय है। समाज और व्यवस्थाओं की कुरूपता को बदलना और सुंदर को रचना, कविता का काम है और ऐसा करने में ढेर सारा प्रतिरोध शामिल होता है। इसके लिए प्रज्ञा और साहस दोनों चाहिए और इससे भी ज्यादा भीतर की ईमानदारी। कविता संघर्ष करना जानती है और उन्हें भी प्रेरित करती है जो इसे रचते हैं। स्त्रियों की कविताओं में तो इसकी विशेष दरकार है। हम एक पितृसत्तात्मक समाज में जीते हैं जिसके कला और सौंदर्य के अपने आग्रह हैं और जिसके तल में स्त्री दमन के सिद्धांत हैं जो कभी सवाल के घेरे में नहीं आते। इसी चेतन-अवचेतन में रचाए गए हिंसात्मक दमन को कविता लक्ष्य करना चाहती है जब वह स्त्री के हाथों में चली आती है।

यहाँ इस संकलन में मैं स्त्री-कविता की उस धारा को प्रस्तुत करने जा रही हूँ जहाँ वह प्रतिरोध करती, बोलती हुई नज़र आएगी। इन कविताओं का प्रतिरोध नए ढंग से दिखेगा। इस प्रतिरोध का सौंदर्य आपको छूए बिना नहीं रह सकेगा। यहाँ समझने की बात यह है कि स्त्रियाँ अपने उस भूत और वर्तमान का भी प्रतिरोध करती हुई दिखेंगी जिनमें उनका ही एक हिस्सा इस सत्ता के सह-उत्पादन में लिप्त रहा है। आज स्त्री-कविता इतनी सक्षम है कि वह दोनों तरफ़ अपने विरोधियों को लक्ष्य कर पा रही है, यानी स्त्री और पुरुष दोनों को—बाहर-भीतर दोनों ही तरफ़ उसकी तीक्ष्ण दृष्टि जाती है।

प्रतिरोध की स्त्री-कविता का सरोकार समाज में हर प्रकार के दमन के प्रतिरोध से जुड़ा है। स्त्री का जीवन समाज के हर वर्ग, धर्म, जाति, आदि-जीवन—जहाँ भी वे हैं, वहीं पितृसत्ता के विष में डूबा हुआ है। इसलिए इस शृंखला में मैंने सभी

इलाकों, तबकों और चौहद्दियों से आती हुई स्त्री-कविता का स्वागत किया है। ध्यान देने की बात यह है कि ये कविताएँ अपने अस्तित्व में सुंदर ही नहीं बल्कि राजनैतिक ढंग से प्रतिरोधी हैं। इनके 'पितृसत्तात्मक व्यवस्था' का विरोध इसके मूल संरचना को ही लेकर नहीं बल्कि इसके सबकान्सस में जाकर देखा-परखा गया है।

हम स्त्रीवादी सोच के लोग पितृसत्ता से छुटकारा चाहते हैं। हमसे बिना मश्विरा किये शहरों के नाम बदलने से भी हमें चोट लगती है जिसके पीछे कुत्सित भावनाएँ काम कर रही होती हैं; हाथी से लेकर मेढ़क तक के अस्तित्व को मिटाने वाली पूँजीवादी व्यवस्था से भी हमें ऐतराज है। रेप, गैंगरेप, स्त्रियों और बच्चों की मृत्यु, युद्ध, हर तरह की नृशंसता का हम राजनैतिक प्रतिरोध करती हैं। हम एक ऐसा समाजवाद चाहती हैं जिन्हें हरबर्ट मारक्यूज जैसे क्रिटिकल सिद्धांतवादी ने 'स्त्रीवादी समाजवाद' कहा। इस व्यवस्था में प्रेम और करुणा को केंद्रीय स्थान दिये जाने का आग्रह है। समानता के साथ स्वतंत्रता प्रमुख प्राप्य होगा इस व्यवस्था का। इसलिए ये कविताएँ एंजेला डेविस, वृंदा करात और कुमुदनी पति जैसी हमसफ़र नायिकाओं को समर्पित की गयी हैं जिन लोगों ने विश्व में, और भारत में, ऐसी ही व्यवस्था के लिए राजनैतिक संघर्ष किया।

कविता का एक काम प्रेम के महत्त्व को बताना है और इसकी सम्पन्नता को कल्पना से उतारकर समाज में विन्यस्त करना भी। स्त्री प्रतिरोध के कितने ही स्वर हैं, यहाँ भी वे अपनी भिन्नता में सुनाई देंगे। इस भिन्नता में ही स्त्रीवाद की कल्पना पलती रही है और यथार्थ में भी यह हमें नये संसार तक ले जाएगी। ठीक तरह से समझी गयी भिन्नता ही एकता की ज़मीन तैयार करें, ऐसा आग्रह हमारा है। यह संकलन एक छोटा-सा प्रयास है इस प्रक्रिया को नयी ऊर्जा और गति देने का। उम्मीद है कि इस संकलन की प्रतिरोधी स्त्री-कविता अपने राजनैतिक आशयों में सर्व जग में उसी तरह प्रकाश से भरी हुई दिखेगी जिस तरह वह जग को प्रकाशवान बनाना चाहती है—बिना शोषण-दमन या इस भावना से बने समाज की संरचना करना चाहती है जहाँ से पितृसत्ता अपने पूँजीवादी स्वरूप में लुप्त हो जाए जहाँ दूसरे जीवों पर हो रहे दमन भी हमारा वाज़िब सरोकार साबित होंगे।

ये कविताएँ 'स्त्री दर्पण' की बेवसाईट पर पहले स्त्री-प्रतिरोध कविता शृंखला में शाया की गयीं जो अपने आप में ऐतिहासिक है। इन्हें विपुल सराहना मिली। विमल कुमार तथा रीता दास राम के सहयोग के बिना ऐसा कर पाना संभव भी नहीं था। उनका आभार तो ये सारी कविताएँ मानती ही हैं, ख़ासकर मैं भी। शायद यह पहली ही बार हुआ है कि ऐसा कोई संकलन हिन्दी के स्त्री-प्रतिरोध के स्वर को समुचित ढंग से पेश करता हो और अब पुस्तक के रूप में आप सबों के हाथों में हो।

—सविता सिंह

शुभा

6 सितंबर, 1953 को अलीगढ़ में जन्मीं शुभा आठवें दशक की प्रमुख कवयित्री हैं। अलीगढ़ मुस्लिम यूनिवर्सिटी से पढ़ाई के बाद जवाहरलाल नेहरू विश्वविद्यालय से मुक्तिबोध के विचारों और काव्य पर पी-एच.डी. की।

राजनीतिक रूप से सक्रिय शुभा हरियाणा के साँपला के राजकीय महिला विद्यालय में प्राचार्या के पद से सेवानिवृत्त हुईं। वे 'सर्च'—राज्य संसाधन केंद्र, हरियाणा और 'भारत ज्ञान-विज्ञान समिति' से भी जुड़ी रहीं। शुभा 'एडवा' (ऑल इंडिया डेमोक्रेटिक विमेन्स एसोसिएशन) नामक महिला संगठन की संस्थापकों में शामिल रही हैं। हरियाणा में विभिन्न नाट्य-मंडलियों का गठन कर उन्होंने गाँवों में हाशिये पर खड़े दलितों, वंचितों एवं स्त्रियों में नवचेतना भरने का कार्य भी किया। 'पहल', 'नया ज्ञानोदय', 'वर्तमान साहित्य', 'कथन', 'नया पथ', 'शुक्रवार', 'नई दुनिया' आदि प्रतिष्ठित साहित्यिक पत्रिकाओं में उनकी कविताएँ प्रकाशित हैं।

प्रतिरोध के स्त्री स्वर श्रृंखला में शुभा जी पहली कवि हैं—वही शुभा जिन्होंने आज तक अपना एक संकलन भी नहीं प्रकाशित करवाया, लेकिन जिनकी कविताएँ इस आदमख़ोर सभ्यता की सम्यक आलोचना करती रही हैं, हमें झिंझोड़ती रही हैं। उनके संघर्षमय जीवन से निकली ये कविताएँ उन मोतियों की तरह हैं जिनसे इस किताब में हम एक ऐसी माला तैयार करना चाहती हैं, जिसके सौंदर्य से लोग अभिभूत हो जाएँ। इनकी कविताएँ गैंगरेप से लेकर 'क्रूर भविष्य की ओर' जाने तक फैली हुई हैं, और जिनके यथार्थ का यहाँ एक विश्लेषण भी मौजूद है। इन सबसे बाहर निकलने का रास्ता भी यहाँ सुझाया गया है। यह सब कितना मुश्किल है यह इनकी कविताओं को मालूम है—'आदमख़ोर उठा लेता है/छह साल की बच्ची को/लहूलुहान कर देता है उसे...' ऐसी परिस्थिति में कविता भी तो लहूलुहान होती है जिसे शुभा देखती और महसूस करती हैं और इसका प्रतिरोध रचती हैं।

—सम्पादक

सहजात

दुख मुझसे पहले बैठा था
माँ के गर्भ में
हम साथ-साथ पैदा हुए
वह मुझसे बड़ा था।

एक ख़याल

वह टीला वहीं होगा
झड़बेरियाँ उसपर चढ़ जाने की कोशिश में होंगी
चींटियाँ अपने अंडे लिये बिलों की ओर जा रही होंगी
हरा टिड्डा भी मुट्ठी भर घास पर बैठा होगा कुछ सोचता हुआ
दोपहर को और सफ़ेद बना रही होगी आसमान में पाँव ठहराकर उड़ती हुई चील
कीकर के पेड़ों से ज़रा आगे रुकी खड़ी होगी उनकी परछाईं
कव्वे प्यासे बैठे होंगे और भी सभी होंगे वहाँ
ऐसे उठंग पत्थर जैसे कोई सभा कर रहे हों
हवा आराम कर रही होगी शीशम की पत्तियों में छिपी
हो सकता है ये सब मेरी स्मृति में ही बचा हो
यह भी हो सकता है मेरी स्मृति न रहे
और ये सब ऐसे ही बने रहें।

अतिमानवीय दुख

इतना दुख आँसुओं से नहीं उठाया जाता
वे हार गए कब के
चीख़ इसे और बीभत्स बनाती है
गुस्सा तो सिर्फ़ राख पैदा करता है
कुछ देर इसे ख़ामोशी ने उठाया
कभी उठाया कविता ने
विचार ने उठाया इसे
इसे उठाया दोस्तों ने
मिलकर गीत गाते हुए
कम्युनिस्ट पार्टियाँ बिखरीं
कितनी बार इसे उठाते हुए
इसे उठाने के लिए
कुछ और चाहिए
इन सबके साथ
उठाने का कोई नया ढ़ब
इतिहास ने इसे उठाया कभी-कभी
अब इसकी चिंदियाँ बिखरी हैं
इन्हें बच्चे उठा रहे हैं
यह पहुँच रहा है प्रकृति तक
तूफ़ान और कंदराएँ
उठाएँगी इसका बोझ
अगर धरती इसे न उठा सकी
अंतरिक्ष में नाचेंगी इसकी चिंदियाँ।

संवाद

इस दुनिया का सबसे आसान काम रहा है
या यूँ कहिए कि सबसे मुश्किल
असल में सबसे आसान काम ही

सबसे मुश्किल होते हैं
आसान काम होता है ऐसे
जैसे ख़ुद हो रहा हो
और जब वह ख़ुद नहीं होता
तो वह सबसे मुश्किल काम होता है
वसन्त में संवाद चलता है
हर ज़र्रे के बीच
जितनी कोंपलें उतनी भाषा
जितनी तितलियाँ उतने नृत्य
जितनी ओस उतनी किरणें
कुछ कम नहीं होता
कुछ ज़्यादा नहीं होता
जैसे सब अपने आप होता है
इसका मतलब न होना नहीं है
इसका मतलब साथ होना है
जड़ें ज़मीन में चलती हैं
कोंपलें आसमान में
गहराई और ऊँचाई
एक ही दिशा होती है
कैसे बनती है एक ही दिशा
जिसमें होती हैं उतनी ही भाषाएँ
जितनी होती है चिड़ियाएँ
जितनी चींटियाँ
उतने ही साँप
गिनती में नहीं अनुपात में।

गैंगरेप

लिंग का सामूहिक प्रदर्शन
जिसे हम गैंगरेप कहते हैं
बाक़ायदा टीम बनाकर
टीम भावना के साथ अंजाम दिया जाता है

एकांत में स्त्री के साथ
ज़ोर जबरदस्ती तो ख़ैर
सभ्यता का हिस्सा रहा है
युद्धों और दुश्मनियों के संदर्भ में
वीरता दिखाने के लिए भी
बलात्कार एक हथियार रहा है
मगर ये नई बात है
लगभग बिना बात
लिंग का हिंसक प्रदर्शन
लिंगधारी जब उठते-बैठते हैं
तो भी ऐसा लगता है
जैसे वे लिंग का प्रदर्शन करना चाहते हैं
खुजली जैसे बहानों के साथ भी
वे ऐसा व्यापक पैमाने पर करते हैं
माँ-बहन की गालियाँ देते हुए भी

वे लिंग पर इतरा रहे होते हैं
आख़िर लिंग देखकर ही
माता-पिता थाली बजाने लगते हैं
दाइयाँ नाचने लगती हैं
लोग मिठाई के लिए मुँह फाड़े आने लगते हैं
ये ज़्यादा पुरानी बात नहीं है
जब फ्रायड महाशय
लिंग पर इतने मुग्ध हुए
कि वे एक पेचीदा संरचना
को समझ नहीं सके
लिंग के रूप पर मुग्ध
वे उसी तरह नाचने लगे
जैसे हमारी दाइयाँ नाचती हैं
पूँजी और सर्वसत्ताओं के मेल से
परिमाण और ताकत में गठजोड़ हो गया
ज़ाहिर है गुणवत्ता का मेल
सत्ताविहीन और वंचित से होना था

हमारे शास्त्र, पुराण, महान धार्मिक कर्मकांड, मनोविज्ञान
मिठाई और नाते-रिश्तों के योग से
लिंग इस तरह स्थापित हुआ
जैसे सर्वशक्तिमान सृष्टिकर्ता
आश्चर्य नहीं कि माँ की स्तुतियाँ
कई बार लिंग के यशोगान की तरह सुनाई पड़ती हैं
लिंग का हिंसक प्रदर्शन
उस समय ज़रूरी हो जाता है
जब लिंगधारी का प्रभामंडल ध्वस्त हो रहा हो
योनि, गर्भाशय-अंडाशय, स्तन, दूध की ग्रंथियों
और विवेक सम्मत शरीर के साथ
गुणात्मक रूप से अलग मनुष्य
जब नागरिक समाज में प्रवेश करता है
तो वह एक चुनौती है
लिंग की आकृति पर मुग्ध
विवेकहीन लिंगधारी सामूहिक रूप में अपना
डगमगाता वर्चस्व जमाना चाहता है।

भविष्य की ओर

बच्चे जहरीली गैस से अच्छी तरह
नीले पड़ गए हैं
उनपर रोग के जीवाणुओं की बारिश भी की गई है मिसाइलों से
पहले वे भीख माँग रहे थे
उन्होंने बाल मज़दूर बने रहने की भी कोशिश की
सेक्स बाज़ार में वे धीमे सुर में रोए
रिफ्यूजी कैंप में वे सर्दी से
अधमरे हो गए और बस हलके से कुनमुनाए
भूख से मरते हुए वे चुप रहे
उन्होंने कुछ कहा नहीं
उनकी मासूमियत
किसी काम न आई

पंखुड़ियों जैसे दिल
एक धमाके से ख़ून में गर्क़ हो गए
रात को सोते हुए वे
बारूद से ढँके हैं अच्छी तरह
वे हमारा भविष्य हैं।

असहाय

कभी फेफड़े भर जाते हैं
गूंगे दुख से
दिल का कहीं पता नहीं मिलता
भ्रम की पीठ दिखाई देती है
चेहरा नहीं।

दिलरुबा के सुर

हमारे कंधे इस तरह बच्चों को उठाने के लिए
नहीं बने हैं
क्या यह बच्चा इसलिए पैदा हुआ था
तेरह साल की उम्र में गोली खाने के लिए
क्या बच्चे अस्पताल, जेल और क़ब्र के लिए बने हैं
क्या वे अंधे होने के लिए बने हैं
अपने दरिया का पानी उनके लिए बहुत था
अपने पेड़ घास-पत्तियाँ और साथ के बच्चे उनके लिए बहुत थे
छोटा-मोटा स्कूल उनके लिए बहुत था
ज़रा सा सालन और चावल उनके लिए बहुत था
आस-पास के बुज़ुर्ग और मामूली लोग उनके लिए बहुत थे
वे अपनी माँ के साथ फूल, पत्ते, लकड़ियाँ चुनते अपना जीवन बिता देते
मेमनो के साथ हँसते खेलते
वे अपनी ज़मीन पर थे

अपनों के सुख-दुख में थे
तुम बीच में कौन हो
सारे क़रार तोड़ने वाले
शेख़ को जेल में डालने वाले
गोलियाँ चलाने वाले
तुम बीच में कौन हो
हमारे बच्चे बाग़ी हो गए
न कोई ट्रेनिंग, न हथियार
वे ख़ाली हाथ तुम्हारी ओर आए
तुमने उन पर छर्रे बरसाए
अंधे होते हुए उन्होंने पत्थर उठाए जो
उनके ही ख़ूँ और आँसुओं से तर थे

सारे क़रार तोड़ने वालों
गोलियों और छर्रों की
बरसात करने वालों
दरिया बच्चों की ओर है
उगना और बढ़ना
हवाएँ और पतझड़
जाड़ा और बारिश
सब बच्चों की ओर है
बच्चे अपनी काँगड़ी नहीं छोड़ेंगे
माँ का दामन नहीं छोड़ेंगे
बच्चे सब इधर हैं

क़रार तोड़ने वालों
सारे क़रार बीच में रखे जाएँगे
बच्चों के नाम उनके खिलौने
बीच में रखे जाएँगे
औरतों के फटे दामन
बीच में रखे जाएँगे
मारे गए लोगों की बेगुनाही
बीच में रखी जाएगी
हमें वजूद में लाने वाली धरती

बीच में रखी जाएगी
मुक़दमा तो चलेगा
शिनाख़्त तो होगी
हश्र तो यहाँ पर उट्ठेगा
स्कूल बंद हैं
शादियों के शामियाने उखड़े पड़े हैं
ईद पर मातम है

बच्चों को क़ब्रिस्तान ले जाते लोग
गर्दन झुकाए हैं
उन पर छर्रों और गोलियों की बरसात है।

आदमख़ोर

1

आदमख़ोर उठा लेता है
छह साल की बच्ची
लहूलुहान कर देता है उसे
अपना लिंग पोंछता है
और घर पहुँच जाता है
मुँह हाथ धोता है और
खाना खाता है
रहता है बिलकुल शरीफ़ आदमी की तरह
शरीफ़ आदमी को भी लगता है
बिलकुल शरीफ़ आदमी की तरह।

2

एक स्त्री बात करने की कोशिश कर रही है
तुम उसका चेहरा अलग कर देते हो धड़ से
तुम उसकी छातियाँ अलग कर देते हो

तुम उसकी जाँघें अलग कर देते हो
तुम एकांत में करते हो आहार
आदमख़ोर तुम इसे हिंसा नहीं मानते।

सौभाग्य

एकमुश्त
शरीर का दर्द महसूस करना
जैसे घर लौटना हुआ
आत्मा की उदासी देखना
जैसे प्रियजन से मिलना हुआ।

शोभा सिंह

वरिष्ठ कवयित्री एवं संस्कृतिकर्मी शोभा सिंह का जन्म 9 जून, 1952 को इलाहाबाद में हुआ। पढ़ाई-लिखाई इलाहाबाद और दिल्ली में हुई। वाम राजनीतिक-सांस्कृतिक एवं महिला आन्दोलनों से उनका गहरा और सक्रिय जुड़ाव रहा है। वे पहले 'पथ के साथी पुरस्कार' (2020) से सम्मानित हैं।

पहला कविता-संग्रह 'अर्द्ध विधवा' 2014 में और दूसरा कविता-संग्रह 'यह मिट्टी दस्तावेज़ हमारा' 2020 में प्रकाशित है।

'पहल', 'जनसंदेश टाइम्स', 'वागर्थ', 'जनसत्ता', 'नया ज्ञानोदय', 'आजकल', 'समकालीन जनमत', 'पक्षधर', 'दलित अस्मिता', 'लमही', 'कल के लिए', 'हिन्दी' 'आउटलुक', 'प्रभात ख़बर', 'आधी ज़मीन' आदि पत्र-पत्रिकाओं में उनकी रचनाएँ प्रकाशित होती रही हैं।

प्रतिरोध के स्त्री स्वर में कविता की दूसरी कवयित्री शोभा सिंह हैं जो एक कनी की तरह चमकती रही हैं और जिनकी ज्योति सर्वहारा के जीवन को आलोकित करती रही है। अपने संघर्षमय जीवन से निकाल कर इन्होंने कुछ और मोती दिए हैं जिनसे हम एक लंबी माला बना सकती हैं। भारत से लेकर अफ़ग़ानिस्तान तक की औरतों का दर्द और संघर्ष इनकी कविता में पसरा है। कोई देखना-सुनना चाहे किसान की दुर्दशा तो वह भी इनकी कविताओं में उपस्थित है—जब तक हम चुप हैं, हमें डर लगेगा—यह वे कहती हैं।

—सम्पादक

प्रेम में गुँथी प्रकृति

यादें खिलती हुईं
सहसा लगा
बरखा के वेग में
सर्वांग का
भीग जाना
नदी का सागर में
गुम हो जाना
एक विस्तार में
तरंगित
आकाश में जले
प्रेम लैंप पोस्ट के बिंब
नदी में जल उठे
सही गलत के साये
शाम की खिड़कियाँ खड़काते
धुँधले हुए
रूपांतरण हुआ
शाश्वत किसी ठहरे पल का
प्रेम के सृष्टि बीज
रात गुनगुनाती
करवटें लेता रहा सौंदर्य
चंचल चपल गिलहरी-सी
तरुणाई
दुनियावी हक़ीक़त से अनजान
सुनहरे कथा देश का द्वार खोलती
जहाँ सपनों का बोलबाला था
सपनों की ठेस तब तक

उसके लिए अबूझ थी
दृश्य सुख से ही अभिभूत
बिहँसते रंग-बिरंगे फूल
अपनी दिल फरेब ख़ुशबू
हवा को सौंप रहे
हवा से ख़ुशियाँ झरतीं
झूमती डालियों से
झरझर
ढेर सारी प्राण वायु

रेशमी बादलों ने भी छिटका दिया
अपना ख़ुशरंग
बसंत को विश्वास देता रवि
ऊँचे पहाड़ों से सोना पिघलाने लगा
संरक्षक था
सागर का अक्स, नीला आकाश
उसके प्रेम सम्मोहन का राग
भ्रम के कोहरे में छुपा
शायद लंबा चला
क्षण भंगुरता का डराता सच
सब समाप्ति की
धमाकेदार टनकार
उसके लिए
समय का रथ
जाम हुआ

दुःख से धरती दरकने लगी
भीतर की आग सुलगती
जलाती रही
उलझनों की गांठें कसी
बिना उसके जाने
अपराध क्या था
सजाएँ तामिल की गईं
अक्षम्य था प्रेम का खोना

लेकिन देखा है
हरा दरख़्त काट दिए जाने पर
उसी कटे ज़ख़्म पर
नई कोंपलें फूटती हैं
अपनी यह वंचना स्वीकार नहीं

हठी सपने आज भी हैं
बस
अभी तक
व्यर्थ की प्रतीक्षा में
बहार का मौसम
ठहरा है
उदास शामें हैं ज़रूर
उदास शामों की
सहर भी है।

मिसफिट

मैं से
हम का
सफर तय करते
दशकों की सीढ़ियाँ
फलाँगते
पहुँचे
बेरहम वक़्त में
मिसफिट होना
जबरन घटाए जाते हादसों की
खूनी छीटों से
दंगों से घायल
जीवन मूल्य और नई किस्म की नैतिकता में

गोल गोल घूमते
नई पथरीली अनुभूतियों
शब्दों के नए अर्थ
की तलछट में
खुलती आँख
चकित
सब उलट-पुलट
बेईमान ईमानदार की जगह
दूसरों का हक़ छीनने वाले
सत्ता की कुर्सी पर
गलत को सही ठहराने का
बुद्धि विलास

जुमलों के आवरण में सच्चाई छुपा
नफ़रत के कैनवास पर खूनी रंग
और ख़ुद को ही देश घोषित करते
बेहया प्रेम का महिमामंडन
विकास के नाम पर
ख़ूब दाद मिली
उसी दौरान
खंडित हुई
सरलता की कई मूर्तियाँ
बेआवाज़ कठिन दिनों में
उम्मीद का सितारा
क्या टूट गया
या मिसफिट होकर
अपने पीछे
ढेर सारे सवाल
छोड़ गया
नई सुबह के लिए।

औरत बीड़ी मज़दूर

नौ सौ बीड़ियाँ
बाक़ी हैं अभी सौ
वक़्त नहीं
दूर बारह के घंटे की आवाज़
एक, आराम से बजेगा
उँगलियाँ तेजी से चलातीं
डाँट के बावजूद
छोटी बेटी वहीं
लुढ़क गई
प्यार से एक नज़र डालती
दिल की उमड़न
सीने में जज़्ब करती
दिमाग़ और हाथ का
अच्छा तालमेल
तंबाकू की महक
आदी हो चुकी
शुरू-शुरू में
चक्कर आ जाता था
नई ब्याहता
रात-दिन का पता ही नहीं चलता
मौसम की बहारें
त्योहारों से लक़-दक़
हँसी, कहकहे बस
चंद रोज़
फिर तो जीवन का हिस्सा
तंबाकू तेंदू पत्ता
मोहल्ले का ग़मे-रोज़गार यही
पूरी कोठरी में
तंबाकू की महक
रच बस गई...

उसे सपने में दिखते
करारे नोट
मिलते अक्सर तुड़े-मुड़े नोट
बस,
बनी बीड़ियों में खोट न निकले
दस-बीस अधिक ही बनानी हैं
छँटनी में पैसे न कट जाएँ
हिसाब पक्का है
आटा और आलू का इंतज़ाम
ख़ुशी के आँसू
इतना तो वह कर ही लेती

काश! सरकारी रेट लागू होता
इस सवाल को पीछे ढ़केलती
इतने सालों
उसने बीड़ी बनाई
उँगलियाँ टेढ़ी
आँख कमज़ोर
क्यों नहीं
बदली उसकी ज़िंदगी
मेहनत का वाज़िब फल
कहाँ गया
किसके पास
और क्यों?

मिसाल : बिलकिस बानो

पिछले पंद्रह साल
तुमने इंतज़ार किया
बिलकिस बानो
न्याय का

पिछले पंद्रह साल
आसान नहीं था कुछ

कितनी बाधाएँ
दुश्वारियाँ जटिल
और बेहद तल्ख़
विपरीत हालात के बीच
तुमने सिर्फ़
इंतज़ार किया
मिलने वाले इंसाफ़ का
उसके लिए
ढेर सारी दुआओं को
हर रोज़ समेट
अनथक लड़ती रही
उस हृदय विदारक
दुख को ज़िंदा रखा
उसे बार-बार दोहराने की
दारुण यात्रा झेली
कोर्ट, जिरह, ज़िल्लत
बहुचर्चित हुआ तुम्हारा केस
गुजरात सांप्रदायिक दंगे में
सामूहिक बलात्कार की शिकार
ज़िंदा?
बिलकिस पाँच माह की गर्भवती
हाँ उस दिन बहुत कुछ हुआ
तुम्हारी नन्हीं मासूम बच्ची
पत्थर पर पटक-पटक कर
मार दी गई
परिवार के सात लोग
गाजर-मूली की तरह
काट दिए गए
हालाँकि
सब कुछ तहस-नहस
बेदर्दी से कर दिया गया

बस चंद लोग
भागकर बचे
लहूलुहान तुम्हारी देह को
मुर्दा समझा गया
बेकार की लाश
अंदर का ज्वालामुखी
शायद धधक रहा था
जिसने मौत को पीछे धकेल दिया

तुम्हारा जज़्बा
तारीफ़ के क़ाबिल था
तुमने ज़ुल्म के खिलाफ़
लड़ने का संकल्प लिया
अपराधियों को सज़ा मिले
जाति धर्म के आधार पर विभाजित
नफ़रत की राजनीति की जकड़न से बँधे
25 मार्च, 2003 का फ़ैसला
मजिस्ट्रेट कोर्ट ने सबूतों के अभाव में
केस बंद किया
फ़िर एक लंबा सिलसिला
सुप्रीम कोर्ट
आदेश
सी.बी.आई. जाँच
जहाँ पूरी व्यवस्था, तंत्र
सबूतों पर मिट्टी डाल रहा हो

लड़ना मुश्किल रेत में नाव चलाना
बिलकिस ने माँग की
मामले की सुनवाई
गुजरात से बाहर हो
यूँ साल बिना पंखे लगे भी
उड़ते गए
मुंबई हाईकोर्ट ने
उन पुलिसकर्मियों

डॉक्टरों को भी
दोषी ठहराया
जिनकी रिपोर्ट झूठी थी
अपराधियों को सज़ा
अलग तरह का फ़ैसला आया
दंगा पीड़ितों को राहत देने वाला
विलंब के, बहुत से
उतार-चढ़ाव
बहुत-सी धमकियों का
जवाब तुमने दिया—
मैं बिलकिस बानो
मैं नहीं हूँ डर का शिकार
अब इससे अधिक बुरा क्या होगा
मैं भूल नहीं पाती
उस मंज़र के कोड़े
जो अब तक
मेरी आत्मा पर बरसते रहे

अपनों को यूँ खोना
नींद में भी
नुकीले काँच चुभते हैं
मैं अपनी ही देह से
काँटे चुनती हूँ
फ़िर भी
तुम्हारे लिए फाँसी की सज़ा की
माँग करती नहीं
मेरे धधकते दुख से जुड़ी
मेरी लड़ाई को सही मुकाम तक ले जाने में
मेरी मददगार
साथियों ने भी समझाया
सज़ा-ए-मौत
समस्या का हल नहीं
नफ़रत के बदले, नफ़रत नहीं चाहिए
हाँ सबक़ मिले उन्हें

जो नफ़रत की राजनीति
करते-करवाते हैं

दुआ दिल की है
ख़ुशहाल घर, बस्ती
नफ़रत के खौफ़नाक
मंज़र से ना गुज़रे
उत्पीड़ित और अत्याचारी में फ़र्क रखें
भूमिकाओं की अदला-बदली
हरगिज़ नहीं करें
उसने कहा—मैंने नहीं छोड़ी
ज़ुबाँ की तहज़ीब
हाँ एक ख़ला
ज़ाहिर है रहेगी एक ख़लिश
ख़ून से लथपथ
ज़िंदगी तो है
उसमें उम्मीदें—साँस ले रही हैं
सपनों को जलाया नहीं जा सका
घर जरूर फूँक गए

बस अब मेरे सपनों में
मानव जातियों के लिए
कोई जगह नहीं
उनसे कहना
मैं गलत नहीं थी
बयान मेरा हिंदुस्तानी औरत का
धरती, हवा, पानी जैसे
सच थे
अपराधियों को बचाने के लिए
सत्ता ने कितने ही दरवाज़े
खोले थे
इसका
अफ़सोस ज़रूर है।

शाहीन बाग़

यह मिट्टी दस्तावेज़ हमारा
लगता था अपने ख़्वाबों से
मुलाक़ात हो रही हो
स्पष्ट विचारों का सैलाब लिये
अपने नीम अँधेरे से
उठ कर आईं औरतें
चेतना का दिलेर स्वर बन
उन दिनों जब
संकट गहरा था
ठहरे हुए समाज में भी
आग धधक रही थी
सामान्य मुसलमान महिलाओं ने आगे बढ़कर
सँभाल लिया था मोर्चा
आज़ादी मिलने के बाद
एक नया बेमिसाल
इतिहास
रचा जा रहा था
बेख़ौफ़ आज़ादी का नया स्क्वायर (घेरा)
दमन के ख़िलाफ़
फ़ासीवाद के नंगेपन और
इनसान विरोधी काले कानूनों के ख़िलाफ़

पहली बार घरों से निकल
चौबीस घंटे चलने वाले धरने में आईं
ज़बरदस्त ढंग से व्यवस्थित किया
घर और बाहर का काम
सामने एक ऐसी दुनिया थी
जिसमें अपनी नई पहचान बनानी थी
तय करना था अपना मुकाम
नवजात शिशु के साथ माँ ने कहा
कहाँ हैं वे

जो कहते हैं
हमें गुमराह किया गया है
कौन है गुमराह?
जामिया में हिंदू-मुसलमान में बाँटकर
आप छल कर रहे
वहाँ हमारे बच्चे
मिलकर पढ़ते हैं
आपके दंगाई हमला करते हैं

अब आपसे ही लोकतंत्र को बचाना है
यह तो आज़ादी की लड़ाई है
हमें अपना संविधान
अपना देश बचाना है

दिल्ली का तापमान
एकदम निचले पायदान पर
कड़ाके की ठंड में
अलाव की मीठी आँच-सी
जगी आवाज़ें तक़रीरें
संघर्ष से तपे चेहरे
जोश भरते
इंक़लाबी तराने
फ़ैज़ के गीत
जब ज़ुल्म-ओ-सितम के कोह-ए-गिराँ
रूई की तरह उड़ जाएँगे...
लाज़िम है कि हम भी देखेंगे

सींखचों के पीछे जबरन बंद
अपने मर्दों के लिए
ये तसल्ली और हौसले की
बुलंद आवाज़ें थीं
अन्याय, ज़ुल्म से बग़ावत
जारी रहेगी
कामयाबी न मिलने तक

यूँ ही अहद है
बिम्ब साकार हो रहे थे
नारे और जज़्बात
दो रंग की घुलावट में
ख़ुदमुख़्तारी का यह अनोखा रंग
जनतंत्र के पक्ष में
एन.आर.सी., सी.ए.ए. के ख़िलाफ़
समूचे देश में
गहरा आक्रोश
दर्ज हो रहा था
सद्भाव और एकता की लहरें
ऊपर उठ फैलने लगीं
लोगों ने शुभ संदेश को पकड़ा
अमन सुकून की अहमियत समझते हुए
शांति पूर्ण तरीके से आगे बढ़े
नई मशालों से
रौशन हुए दूर तक
अँधेरे कोने भी
अगुआई में

ज़िंदगी के आख़िरी मुकाम पर पहुँची
तीन दादियाँ
जाँबाज़ निडर
शाइस्तगी से बोलीं
करोड़ों लोगों के निर्वासन का दुख
इस ठंडी रात से बड़ा है क्या?
अब तो ख़ामोशी को भी
आवाज़ दे रहीं हैं हम
यह आवाज़ की तरंगें
आने वाली ख़ुशहाली की ख़बर-सी
फैल जाएँगी
उनके सपने धुँधली आँखों में
झिलमिलाए
देश की मिट्टी में

कई रंग के फूलों में
हम यूँ ही खिलेंगी
देखना
ज़माना हमें कैसे भूलेगा
यहाँ दादी नानी माँ के साथ
बच्चे
सीख रहे
अपनी पहचान
हाँ अपनी राष्ट्रीयता का
वे पुनः दावा ठोंकते
अपने हिजाब के संग
हिंदू-मुसलमान दोनों मिल
हुक्मरान को जवाब देती
ये देश हमारा है, साझी विरासत
हम उतने ही भारतीय हैं जितने तुम
छाँटना बंद करो

इसी मिट्टी में दफ़न हैं हमारे पुरखे
यह मिट्टी
दस्तावेज़ हमारा।

अफ़ग़ान औरतें

अफ़ग़ानिस्तान की औरतें
अपने जगे अहसास को
पत्थर नहीं बना सकतीं
अपने होने को फिर से नगण्य
नहीं बना सकतीं
बाहरी दुनिया से ग़ायब होना
मंज़ूर नहीं
तालीम के चमकते आफ़ताब के नीचे
खुली हवा में

आज़ाद परिंदे की उड़ान
अपने लिए शब्दों की शालीनता
उन्हें चाहिए ही
उसे फिर से खोना नहीं

जिसके लिए लंबे से भी लंबा
इंतज़ार किया था
अनवरत जद्दोजहद की
दशकों की आज़ादी
उसे छीन लेने की साज़िशाना
जंग भरी चालें
चलती रहीं
जब हासिल आज़ादी का
सुकून-बख़्श साया
कुछ हद तक
छाने लगा था
उनके आकाश में
वे ज़हरीली स्त्री विरोधी ताकतें
हर सिम्त कालिख भरने लगीं
हमारी भावनाओं की
बेरहमी से चीरफाड़
घर की अँधेरी गुफा-सी
जहालत की सीलन भरी क़ैद

हाँ, घोषणाएँ बेहतरी की करते
मंसूबे ख़ूनी, कट्टर मज़हबी
निश्चय ही तलछट से सतह पर
भुखमरी की यंत्रणा
असंख्य घाव लिये
औरतें बाहर आ रही हैं
आतंक के साये से बेख़ौफ़
हथियारबंद सिपाहियों के सामने
बख़्तरबंद गाड़ियों के आगे
आवाज़ का उजाला फैलातीं

उनके निर्भीक नन्हे दिलों में
तेजी से धड़कता
दुस्साहस
मिट जाने का ख़ौफ़ नहीं
अवाक, बंदूकों से डराने के
निशाने भी चूक गए
पुरज़ोर आवाज़ें
जायज़ माँगों की गूँज से
लगा बारूद गीले हुए
तबाही का बर्बर विध्वंसक समय
ठहरा-सा
एक रूपक-सा उभरता
डर के ठहरे जल में भी
हलचल मचातीं
वे आज़ाद पक्षियों-सी
निर्द्वंद्व तैर रहीं
एलान कर रहीं

जंग हमेशा ही हमारी धरती को
बंजर कर देती है
इसलिए भी प्रतिरोध का संघर्ष
दिलों की सियासत की बानगी
अवाम ख़ुद बनाएगी
मुल्क की तस्वीर हम भी तराशेंगीं
ज़ुल्म की इंतहा में भी
ख़्वाब मरते नहीं
अमन का कँटीला रास्ता
बसंत के आज़ाद
दरवाज़े खोल देता है।

गौरी लंकेश

गौरी लंकेश!
तुम्हारी हत्या के बाद भी
वे तुम्हें दाग़दार करते रहे
वे गालियाँ देते भद्दी
जिनसे ख़ून खौलता
फिर लगता उन वहशियों से संवाद भी
शर्मनाक है—बेहद शर्मनाक
वे चुके हुए अघोषित हत्यारे
मृत्यु का जश्न मनाते
उनकी भाषा
उनके घृणित सोच की
पैरोकार
वे क्या वाकई मनुष्य हैं?

तुम्हारी धारदार कलम से
वे डर गए
सच से भयभीत
क्रांतिकारी विचारों से खौफ़ज़दा
उनकी चरम घृणा की सीख़
कत्लेआम से संतुष्ट होती
उनके लिए अनैतिक कुछ भी नहीं
नरेंद्र दाभोलकर, गोविंद पानसरे, एमएम कलबुर्गी
और गौरी लंकेश
समाज के कर्मठ जुझारू सचेतक तबके का
आसान शिकार किया
ये हत्यारे पकड़े नहीं जाते
जबकि देश के तमाम घोषित-अघोषित
तथाकथित आतंकवादी
पकड़े जाते हैं, मारे जाते हैं
फासिस्टों को चुनौती देती
गौरी लंकेश

तुम्हारे हत्यारे पकड़े नहीं जाएँगे
उन पर सत्ता का वरदहस्त है
वे उनके नुमाइंदे हैं
ख़ूब गहरी लकीर-सा
हृदय में खींचा प्रतिरोध

सवाल उठाती निडर आवाज़ें
तुम्हारी लड़ाई
जारी रहेगी
तुम्हारी शहादत
बेकार नहीं जाएगी।

अर्द्ध विधवा

कश्मीर की
स्त्री का डर
उसकी नींद की तहों में
कोचता हुआ
उसके हिस्से की दुनिया में
आरामदेह घर
काम से लौटता शौहर
ख़ुशलिबास बच्चे
की जगह
ढेर सारा धुआँ
दर्द के काले लबादे में
सिर कटे सपने
छटपटाते हुए हौलनाक़
जड़ होती देह
फिर बर्फ़ की सिल-सी पिघलती
सामने है
आग के धब्बे

कड़वी सच्चाइयाँ
कर्फ्यू की लीला
अहिंसक प्रतिरोध
और हत्याएँ
एक-के-बाद एक
शव यात्राएँ

सीने पर गोलियों के सुर्ख फूलों से सजी
प्रियजनों की
लोहे से तपाए दिनों में
विरोध का जज़्बा
फैलता जाता
व्यापक समुदाय में
बेगुनाह
घिरे हैं
बेहद ख़तरनाक समय में
गोलियों के मुकाबले
हाथों में
ईंट-पत्थर लिये
क्यों
फूलों की घाटी में
जबरन
पसरा है बियाबान
नफ़रत के भारी बूटों से

रौंदी गई हरियाली
मुल्क को कठपुतली
बनाने के ख़्वाहिशमंद
सिपहसालार लोकतंत्र के
ज्वालामुखी के खुले मुहाने
बरसों का गुस्सा
सुलगता
श्रम की जड़ों में

उनकी आज़ादी का सवाल
रक्तरंजित
अवाम की नापसंदगी
असहमति
नज़रबंद है
स्याह सन्नाटे में
वारदातों की लहूलुहान स्मृतियाँ
दिल में गड़े
कुर्बानी के आलम
ख़तरों को भाँपती निगाह
अमन की लफ्फाजी
सियासी बिसात पर शतरंज की चालें
समझती हैं वे
हाँ
प्रेतछाया-सी औरतें
राख से उठे
फीनिक्स पक्षी-सी
ठहर कर सोचतीं
क्यों उनका आने वाला कल
डर से मुक्त नहीं
कुचक्र कैसे
जीवन की तड़प
धीरे-धीरे
सोखता रहा

आज पथराई उम्मीदें
जलते सवालों के साथ
मुख़ातिब थीं
ज़ुल्म में सामने
उनके घरों के साये कहाँ गए
खोने की मारक पीड़ा में
रिस रही उनकी ताकत
रातें ठहरी हुई हैं

जल जल कर
कड़वा धुआँ देती
जानती है
ये मुकम्मिल नहीं
एक नई पहचान
उन पर थोपी गई है
अर्द्ध विधवा की
गढ़ी गई दास्तान में
ज़िंदा या मृत का
कोई सबूत नहीं मिला
उम्र को सिर्फ़ इंतज़ार है
गुमशुदा का
उनकी कायनात पर
गम के हाथों के छापें
उभरी हैं
बतौर शिनाख़्त
तमाम खुशियों से महरूम करतीं
जुल्म की परतों में
कितनी फाइलें बंद होंगी
ज़िंदगी की हरक़तों पर
कानून की सख़्त धाराएँ
कितने घर यूँ ही दफन हुए
वे रेत के घर नहीं थे
ज़िंदगी की रौनक से भरपूर
खुशहाल घर थे

कब्रिस्तान का शहर
जब यह नया नाम
दिया जा रहा था श्रीनगर को
कश्मीर की औरतों का डर
बेमानी हुआ
बग़ावत
ज़मीन से फूटी
नाइंसाफ़ी के खिलाफ़

सस्ती मौत के खिलाफ़
रोटी की ज़रूरत की तरह
वे नए समय की
उम्मीद की जलती मशालें
हाथों में पत्थर लिये
बढ़ने लगीं
निर्भय
शब्दों के अर्थ बदलने।

यह सदी किसके नाम

बेबाक नज़र थी
बातें
मीठे चश्मे के पानी-सी साफ़
सब की ज़रूरत रोटी
सदियों से
सबको रोटी जोड़ती
व्यापक एकता का सूत्र
जो कभी बनी थी
क्रांति का आह्वान संदेश
कठोर बिजली बादल पानी की गरज से
सवाल थे
क्यों
वे अपना मुल्क बेच रहे
अपना ज़मीर गिरवी
अब हमारी रोटी तक
बेच देना चाहते
भूख की सौदागिरी
वे ख़ूँखार-अँधेरे के व्यापारी
वे सीधे सामने नहीं आते
अपने संरक्षण से
अपने हित के क़ानून पास करवाते

लूट को क़ानूनी जामा पहना
हड़प लेना चाहते
हमारी ज़मीनें
छीन लेना चाहते
हमारे बच्चों का भविष्य
फैलाते ख़ौफ़ का राज
लालच का साम्राज्य
उनके तिलिस्म को तोड़ते
किसान
जो अन्न का उजाला
हमारी दुनिया में भरते
जो लोकतंत्र की
साज़िश
चुनावों में जीत की
दंभी हेकड़ी को
समझ बूझ गए
उनकी कतारों में
वक़्त के उस ताने-बाने में
आन्दोलन की पुख़्ता बुनावट
'डेरा डालो, घेरा डालो'
की रणभेरी बज रही थी लगातार...

स्त्री-पुरुष का भेदभाव नहीं
सब समान, अगुआ भूमिका में
अपनी गरिमा के साथ
स्त्री किसान, पुरुष किसान
बने आन्दोलन के सिपाही
इंसानियत से भरपूर
संज़ीदगी की ढेर सारी
हुँकारें, एकताबद्ध
अपनेपन का सरमाया
बेमिसाल
उधर
बीतते हर दिन

गुपचुप साज़िशें
रचते सत्ता के गुर्गे
सुरक्षा के गोल छल्लों पर
नफ़रती हिंसा के
तीर चलाते
दुष्प्रचार करते
अपनी सामर्थ्य भर-आंदोलनकारी
षड्यंत्र की पहचान करते
उसे बेनक़ाब करते
लड़ाई अनवरत जारी रहती
गोदी मीडिया
आन्दोलन की ख़बरों की
गहरी उपेक्षा करता
सत्ता की चाल
किसान उपेक्षा से थक-हार
वापस लौट जाएँ
समय का कड़वा सच यह भी
यदि किसान हारा
तो देश हार जाएगा
लोकतंत्र हार जाएगा
यह धरती की पीढ़ियाँ
हार जाएँगी

कड़ी मेहनत, क़ुर्बानियों के बाद
देश को ग़ुलामी से आज़ादी मिली
यह दूसरे क़िस्म की आज़ादी की
जंग है आरपार की
जीतने के दृढ़ संकल्प के साथ
बेशक वे हाथों से
कलमें छीन लें
अभिव्यक्ति की सारी आज़ादी छीन
जेलों में डाल दें
अन्नदाता की अगली कतारें तैयार हैं
आन्दोलन के विस्तार को रोकना

नामुमकिन
दहशत की ख़ौफ़नाक परछाइयों के बीच
राह तलाशती आज़ाद रूहें
अपने को खोल रहीं
बंदिशों, वर्जनाओं से मुक्त
आज़ाद कर रहीं समूह को
देशप्रेम, लोकतंत्र बचाने का सपना
हज़ारों हज़ार आँखों में
अटल ध्रुव तारे-सा झिलमिलाता
हाँ, विपरीत मौसम की चपेट
झेलते
पहलू में बैठने वाले साथियों को
खो देने का भारी दुख

थकते हैं वे
उन्हें गहरी नींद की दरकार
धरती अपना हरियाला आँचल
बिछा देती
उनकी थकन को
दरख़्तों की प्राणदायिनी हवा
हर लेती
जत्थे के जत्थे
मज़दूर किसान स्त्रियाँ
भोर की उजास फूटते ही
ताज़ा दम हो उठते
अपने सृष्टि बीजों को
अपनी विरासत सौंपते
अँधेरे युग में
रोशनी की बातें करते
कहते ग़ाफ़िल नहीं होना
मुकम्मल दुनिया के लिए
लड़ना ज़रूरी क्यों
पूरे आत्मविश्वास से

लड़ाई लंबी है
इक्कीसवीं सदी
हमारे नाम
लिखी जाएगी
देखना।

डर से मुक्ति

जब तक हम चुप हैं
हमें डर लगेगा
सुरक्षा की याद दिला
हमें चुप कराया जाएगा
हम कमज़ोर हैं
हमें विरोध में नहीं आना
राजनीति और किसी विचारधारा के पचड़े में
न—बिलकुल नहीं
वर्ना अनाप-शनाप अफ़वाहें
धमकी बलात्कार, हिंसा की
खामोश करने के कारगर उपकरण
ढेरों हैं

दूषित टिप्पणियाँ
"नारी देवी है" की पोल खोलती
मंत्री-संतरी शब्दों के पीछे की
गहराई समझाते—तुम लड़की हो
तय हम करेंगे—क्या ख़ाना है, क्या पहनना
क्या सोचना, कितना बोलना, कहाँ बोलना
वर्ना राष्ट्रद्रोही आतंकवादी का
लेबल आसानी से चस्पाँ
जितने नारे लगे उतने रेप बढ़े क्यों?
निश्चय अजीब संकट का दौर है

लेकिन
इस लेकिन में बहुत कुछ छुपा है
निर्भय सच की आवाज़
हवा के पंखों पर सवार
फ़ैल गई
बड़ी बेबाक चुनौती
अभिव्यक्ति की आज़ादी
बाधित क्यों
आवाज़ ने काम किया
असहमति के मदारी
सतर्क
चेतावनी
शब्दों के मुक़ाबले
शब्दों का प्रयोग नहीं
लगाम लगे इस आज़ादी पर
डरो कि डरना बहुत ज़रूरी है

हाँ, ज़रूर
डराना तुम्हारा ही हथियार है
अब इसका विरोध जरूरी है
घर बाहर कहाँ सुरक्षित हैं हम
जब ज़ुबान ही नहीं बचेगी
तो चुप रहकर क्या करेंगी
अगर मैं तुम हम नहीं
तो कौन उठाएगा हमारी आवाज़
हम कमज़ोर नहीं
डर हमारे ख़ून में नहीं

हम हिंदुस्तान को
मनुस्मृति काल में
ले जाने नहीं देंगी
गलत पाबंदियों के खिलाफ़
अपने से लड़कर भी
हम न्याय के लिए

संघर्ष में हैं
जो इस बुनियादी डर से
आज़ाद होगा
वही कामयाब होगा

हम डर से आज़ाद हैं
पितृसत्ता के शिकंजे से
आज़ाद होना बाक़ी है।

निर्मला गर्ग

निर्मला गर्ग का जन्म सन् 1955 में दरभंगा, बिहार में हुआ। वे जनवादी लेखक संघ के साथ जुड़ी रही हैं।

उनके पाँच कविता-संग्रह प्रकाशित हैं—'यह हरा गलीचा' (1992), 'कबाड़ी का तराजू' (2000), 'सफ़र के लिए रसद' (2007), 'दिसंबर का महीना मुझे आख़िरी नहीं लगता' (2012), 'अनिश्चय के गहरे धुएँ में' (2021); 'दूसरी हिन्दी' (सं. 2017)। उन्होंने कुछ आलोचनात्मक लेखन भी किया है। उनकी कविताएँ बांग्ला, मराठी, पंजाबी, अंग्रेज़ी और जर्मन में अनूदित हैं।

उनके कविता-संग्रह 'कबाड़ी का तराजू' को हिन्दी अकादेमी, दिल्ली के 'कृति सम्मान' से सम्मानित किया गया है।

प्रतिरोध का स्त्री स्वर शृंखला की तीसरी महत्त्वपूर्ण कवयित्री निर्मला गर्ग हैं। इनकी कविताएँ जन सरोकारों की सीधी कविताएँ हैं। इनमें सुंदर जीवन के लिए संघर्ष करती हुईं वे अपने सुंदरतम रूपों में मिलेंगी। यहाँ राजकुमारी डायना अपनी सादगी में दर्ज हैं, जैसे कि पर्यावरण का नष्ट होना। एक ग़रीब आदमी का लुप्त होता देश भी यहाँ नज़र आता है। इनकी एक कविता में जब एक ग़रीब आदमी कहता है—'हमको त बोझाता हय हमरा कोनो देस नय है' तब लगता है यह सिर्फ़ हताशा में कहे गये शब्द नहीं, बल्कि ऐसा ही इस देश का ग़रीब महसूस करता है।

—सम्पादक

कुहरा

घर से दफ़्तर तक
संसद से सड़क तक
खेत से कारख़ाने तक
सचिवालय से न्यायालय तक
फैल रहा है हर ओर गाढ़ा मटमैला कुहरा
फैल रहा है यह
किताबों पर, पोस्टरों पर, विचारों पर।

तानाशाह

तानाशाह ख़ुश होता है
ख़ुद के तानाशाह कहे जाने पर
उसे लगता है यह उसकी
इज्ज़त आफ़जाई है।

युद्ध

युद्ध के शुरू होने का शोर मेरे बाहर है
युद्ध के बाद का सन्नाटा
मेरे भीतर
कभी-कभी क्रम उलट भी जाता है
ताक़तवर देश अँधेरे की भाषा बोलते हैं

उपनिवेशों की सरकारें उसे दुहराती हैं
वे चाहते हैं पूरी पृथ्वी को अपनी ऐशगाह बनाना
उनका दंभ रौंदता है दूसरों की स्वतंत्रता
मैं खिलाफ़ हूँ इस लालच के और इस बर्बरता के
शब्दों के अलावा भी तलाशना चाहती हूँ
दूसरे औज़ार
मैं पूर्ण प्रकाश में जीना चाहती हूँ।

कलावादी का प्रलाप

झाँको झाँको, भीतर झाँको
वहीं है अच्छी कविता
वहीं है सच्ची कविता
वहीं, वहीं मिलेंगी देवियाँ कला की
बाहर क्या है :
गर्द-ओ-ग़ुबार
चीख़-ओ-पुकार
अधनंगे अधभूखे बच्चे
नहीं जानते उनके हिस्से की रोटी गई कहाँ
कड़ी धूप में सीझते
कतार-दर-कतार
बेरोज़गार
नहीं जानते उनके हिस्से की नौकरियाँ गई कहाँ
किसानों की तो कथा अनंत
इस तरह मरें उस तरह मरें मरना ही है
नहीं है जीने का विकल्प कोई इस निजाम में
छोड़ो यह अल्लम-गल्लम
यह कचरा कल्लम
फ़ितूर यह वामपंथियों का है
तुम तो झाँको भीतर
और भीतर
और, और भीतर

वहीं है अच्छी कविता
वहीं है सच्ची कविता
वहीं वहीं मिलेंगी देवियाँ कला की।

डार्करूम

लड़की फ़ोटोग्राफ़र बनना चाहती है
रोटी गोल नहीं बिलती उससे
बन जाता है कोई न कोई नक्शा
कर आती है सैर वह अनदेखे द्वीपों की
द्वीपों के जिस्म पर उगे घास के मैदानों की
गिलाफ़ों पर स्वागतम काढ़ना उसे नहीं आता
वह सीखती भी नहीं
तकियों पर सादे गिलाफ़ चढ़ा उठा लेती है किताब
बताई गई है जिसमें तरक़ीब रौशनी से लिखने की
उसके सपनों में अंट नहीं पाती
सुगंधियों लिपस्टिकों से सजी प्रसाधन मेज़
डिज़ाइनर टाइलों वाला भव्य स्नानघर भी
दरवाज़े से ही झाँक कर लौट आती है
मौजूद है वहाँ तो पहले से अपने साजो-सामान के
साथ
एक छोटा-सा डार्करूम
तैयार करेगी जहाँ वह अपनी खींची तस्वीरों के प्रिंट
तस्वीरें जिनमें कार और बँगले में ख़त्म होती यात्राएँ हैं
तस्वीरें जिनमें घोंसले ख़ाली और दीवारें बिना कैलेंडरों
की हैं
लड़की किसी निर्णय पर पहुँचना चाहती है
फैलाएगी सब ब्ल्यू प्रिंट की तरह
मेज पर।

डायना

वह बार-बार साधारणता की ओर मुड़ती। बार-बार
उसे ख़ास की तरफ ठेला जाता। उसके चारों ओर
पुरानी भव्य दीवारें थीं। उनमें कोई खिड़की नहीं थी
सिर्फ़ बुर्जियाँ थीं। वहाँ से झाँकने पर सर चकराता था।
कमरों में बासीपन के अलावा और कई तरह की बू शामिल थी।
एक दिन यह सब लाँघकर वह बाहर चली आई
हवा और धूल की तरह सब ओर फैल गई
वह एक मुस्कुराहट थी टहनी और पत्ती समेत। सुबह का
धुला हुआ बरामदा थी। उसे प्रेम चाहिए था अपनी
कमज़ोरियों और कमियों के बावजूद। जैसी वह थी वैसी
होने के बावजूद। उसमें प्रेम था। उसे उलीचना चाहती
थी अपने पर, औरों पर। उलीचती भी थी कच्चा
पक्का जो तरीका आता था
दुःख और तनाव अक्सर उसे घेर लेते। वह मृत्यु की
तरफ़ भागती। मृत्यु उसे लौटा देती। बाद में यह सब
एक खेल में बदल गया।

आस्था का कारोबार

बदलते मौसम बदलती हवा
ज़रूरी चेतावनी है इस समय की
हमारे त्योहारों के कर्मकांड भी बिगाड़ते हैं पर्यावरण
वर्षा, वन नष्ट हो गए पहले ही
हर साल फागुन में हजारों पेड़ कटते हैं
बुराई की प्रतीक होलिका नहीं
जलता है अग्नि में जीवन-द्रव
प्रदूषित हवा में घुलता है टनों कार्बन डायऑक्साइड
कार्तिक अमावस्या की रात वायुमंडल का थरथराना
हम नहीं देखते

हम नहीं सुनते ध्वनि की उलाहना
भोर तक पटाखे जलाए जाते हैं
जितनी अतिरिक्त बिजली खर्च होती है उस दिन
रौशन हो सकते हैं उससे
सैकड़ों अँधेरे गाँव
दिशाहीन विकास का दंश झेल रहे नदी-तालाब
खो रहे अपनी आब
मछलियाँ निस्पंद हैं कारखानों के दूषित जल से
सरस्वती दुर्गा और गणेश की रासायनिक रंगों से पुती
प्रतिमाएँ
और कहर ढाती हैं
और विषाक्त होता है जल

मूर्तियो!
तुम ही कर दो इंकार
स्थापित होना
फिर प्रवाहित होना
नहीं चाहिए आस्था का यह कारोबार!

अक्षरधाम में अक्षर नहीं

अक्षरधाम का परिसर तो स्निग्ध और शान्त है
पौराणिक कथाओं के कुछ मूर्तिशिल्प भी हैं वहाँ
पर मूल मंदिर की साज-सज्जा मूर्तियों की पोशाकें
काफ़ी भड़कीली है
पटना कोलकाता मुंबई से लोग दिल्ली आते थे तो
पहले लाल क़िला जामा मस्जिद और कुतुबमीनार
देखने जाते थे
अब उनकी उत्सुकता के शीर्ष पर है अक्षरधाम !
अमेरिका से बहन आई तो उसने भी सबसे पहले
अक्षरधाम ही देखना चाहा
स्कूल के बच्चे कतार में आ रहे हैं

मंदिर की चौखट पर सिर नवा रहे हैं
बहन को सबकुछ भव्य लग रहा है
पर मैं सोच रही हूँ :
यमुना के कछार पर बना यह स्थापत्य
यमुना की सेहत को कितनी हानि पहुँचाएगा!
अक्षरधाम के निर्माण में जितनी पूँजी लगी है
उतने में दिल्ली के सारे ग़रीब बच्चे शिक्षित हो
सकते थे
सार्थक होता अक्षरधाम भी तब अपने नाम और
अस्तित्व में
इतने सारे लोग इसे देखने आते हैं उन्हें अध्यात्मिक
सुकून वग़ैरह मिलता है जो उसका मूल्य भी तो कम
नहीं

प्रतिप्रश्न है :
खाए-अघाए लोगों को ही अध्यात्म सूझता है
रजनी बहन जी कहती थीं दसवीं कक्षा में
इस देश में शिक्षा-स्थलों से उपासना-स्थलों की
संख्या कहीं ज्यादा है
इसके पीछे सिर्फ़ ईश्वर वग़ैरह है, या कोई सनातन
षड्यंत्र?
ख़ुद से कहती हुई घूम रही थी बहन के साथ देखा
एक कक्ष में उन्हीं बच्चों को बैठे
बच्चे उबासी ले रहे थे उन्हें स्वामी नारायण का उपदेश
और जीवन चरित सुनाया जा रहा था
कुछ बताना ही है तो उन बच्चों का जीवन-संघर्ष
बताया जाए
सफल रहे जो प्रशासनिक सेवाओं जैसी उँची पढ़ाई में
सिर्फ़ अपनी मेहनत और आत्मविश्वास के बल पर
जबकि माता-पिता उनके मामूली जन हैं
माँ घरों में खाना बनाती है और बर्तन पोंछा करती है
पिता ठेला चलाते हैं और सब्जी बेचते हैं
बताने को उन खिलाड़ियों की कहानियाँ भी हैं जिनकी
वजह से राष्ट्रमंडल खेलों में चमक आई

उसी हरियाणा की बेटियाँ हैं ये जहाँ बेटों का अनुपात उनसे ज़्यादा है
खाप पंचायतें अलग गला कसे रखती हैं...

मंदिर से बाहर आए हम जब बहन विह्वल थी सर से पाँव तक
देख नहीं पाई मेरी खिन्नता...
बहुत सारे लोग जहाँ घोर अभाव का आसव पीते हैं
धन का ऐसा दुरुपयोग मुझे अश्लील लगता है।

जनु समुंदर के लहर

बचिया के बोखार त बढ़ रहल है
की करब?
केकरा पास जाईब
एगो डक्टर त हय कलोनी में
पर पइसा लिये बिना उ त देखबेगा नय
आ पइसा हमरे पास हय नय
उधारो केम्हर से लेंगे
ललित परमोद से पहिला ही ले लिये
आ फेर उ सब भी त हमरे जैसन परिसान हय
हम सब गत्ता के डिब्बा बनावे का मील में काम करते रहे
मीले बंद हो गया काहे की मील मालीक को करखना
से जियादा मोनाफ़ा ज़मीन के बेपार में देखाता हय
उहाँ एक ठो माल बनेगा आ तीन हाल बला सिनेमा
बचिया के माय चर-पाँच घर में बरतन मंजले है आ
फरस पोंछले है
पिछला घर छूट गया अभी नाया पकड़ी है
ऊ माइडम त एडभान्स देगी नय
अरजून को एगो ढाबा में रखा दिए हैं
जानते हैं हम सरकारी कयदा कनून के खेलाफ है
ई बात
हमरा मन भी दोखाता हय
खेले-खाए के उमीर में बचवा दीन-रात खटता हय

पर कउनो ओपाय नई हय हमरा पास
हमको कउनो काम नहिये मिल रहा हय न!

गाँव में ज़मीन था भले जियादा नए
गोजारा चलबे करता था जइसन-तइसन
तीन बरिस पहिले हम उसको बेच के आ गए दिल्ली
काहे त साबन, भादो सुख्खल गया
आ सेंचाई का कोनो बेबस्था नय था
धान सुख गया सब का सब
बीजो नय बचा
बैंक से करजा लिये थे
वापिस नय कर पाए त ऊ दू ठो लठैत भेजा
खेत बेचकर गला छोड़ाए
गाँव छोड़कर त हम सहर में आए
अब ईहाँ से केम्हर जाएँ!
आपे बतइए
हमको त बोझाता हय हमरा कोनो देस नय है
न ई माटी हमरा हय न ई असमान
न ई पानी हमरा न ई बतास
सब ई ठो बड़का लोगन का ख़ातिर
सरकार हो चाहे कचहरी
सब उनका चाकिर
मुठिये भर हैं अइसन लोग
आ हम सब जनु समुंदर के लहर
लहर पर लहर लहर पर लहर।

ह्यूगो शावेज़

कॉमरेड शावेज़ मैं तुमसे प्यार करती हूँ
उसी तरह जिस तरह वेनेज़ुएला के लोग तुमसे प्यार
करते हैं
तुम प्रकाश हो पारदर्शी

पृथ्वी का
चचा सैम तुमसे डरते हैं मन-ही-मन
और यह शुभ संकेत है तुम
उनके मंसूबे समझते हो, समझाते हो दूसरे लातीनी देशों को
तुमने अपनी जुदा राह बनाई है
तुम्हें सर्वहारा की तानाशाही नहीं जँचती
तुम्हें किसी की तानाशाही नहीं जँचती
बिना पुराना ढाँचा गिराए तुम उसके समानान्तर
नया ढाँचा खड़ा करते हो
और इस तरह अनावश्यक रक्तपात से बचाते हो
वेनेजुएला को
फ़िदेल कास्त्रो का नैतिक उत्तराधिकारी मानते हो तुम
ख़ुद को

कास्त्रो की ही तरह रहोगे तुम
हमारे दिलों में
हमारे दिमाग में।

कात्यायनी

कात्यायनी का जन्म 7 मई, 1959 को गोरखपुर, उत्तर प्रदेश में हुआ। उन्होंने एम.ए. (हिन्दी), एम.फ़िल. की उपाधि प्राप्त की।

1980 से वे सांस्कृतिक-राजनीतिक क्षेत्र में सक्रिय रही हैं। 1986 से कविताएँ लिखना और वैचारिक लेखन प्रारंभ किया। 'नवभारत टाइम्स', 'स्वतंत्र भारत' और 'दिनमान टाइम्स' आदि के साथ कुछ वर्षों तक पत्रकारिता भी की।

उनकी प्रमुख पुस्तकें हैं—'चेहरों पर आँच', 'सात भाइयों के बीच चंपा', 'इस पौरुषपूर्ण समय में', 'जादू नहीं कविता', 'राख-अँधेरे की बारिश में', 'फुटपाथ पर कुर्सी' (कविता-संग्रह); 'दुर्गद्वार पर दस्तक', 'षड्यंत्ररत मृतात्माओं के बीच', 'कुछ जीवंत कुछ ज्वलंत', 'प्रेम : परंपरा और विद्रोह' (निबंध-संग्रह); 'लहू है कि तब भी गाता है' (संपादन।) राजकमल विश्व क्लासिक श्रृंखला का संपादन किया जिसमें अब तक अट्ठाईस कृतियाँ प्रकाशित हो चुकी हैं। कई भारतीय भाषाओं में विभिन्न कविताओं के अनुवाद प्रकाशित हुए हैं।

उन्हें 'शरद बिल्लौरे पुरस्कार', 'गिरिजा कुमार माथुर पुरस्कार', 'अपराजिता पुरस्कार', 'मुकुट बिहारी सरोज सम्मान', 'केदारनाथ अग्रवाल पुरस्कार' से सम्मानित किया गया है।

इस संग्रह की चौथी कवयित्री कात्यायनी हैं। इनकी चेतना से कविताएँ न सिर्फ़ अपना रूप लेकर आती हैं बल्कि राजनीतिक और सामाजिक उद्देश्य भी। 'हॉकी खेलती लड़कियाँ' और 'सात भाइयों के बीच चंपा' जैसी कविताओं ने इन्हें हिन्दी जगत में एक ऐसी कवयित्री के रूप में स्थापित किया जिन्हें बाद के कवियों ने बहुत धीरज और स्नेह से पढ़ा। इनकी सारी कविताएँ राजनीतिक, धार्मिक और सामाजिक चेतना को बदलने की जुगत में लगी रहती हैं। इस महत्त्वपूर्ण कवयित्री को पढ़ना सचमुच ख़ुद को बदलने जैसा है याकि उसके लिए तत्पर होना।

—सम्पादक

सात भाइयों के बीच

चंपा

सात भाइयों के बीच
चंपा सयानी हुई
बाँस की टहनी-सी लचक वाली
बाप की छाती पर साँप-सी लोटती
सपनों में काली छाया-सी डोलती
सात भाइयों के बीच
चंपा सयानी हुई
ओखल में धान के साथ
कूट दी गई
भूसी के साथ कूड़े पर
फेंक दी गई
वहाँ अमरबेल बनकर उगी
झरबेरी के साथ कँटीली झाड़ों के बीच
चंपा अमरबेल बन सयानी हुई
फिर से घर में आ धमकी
सात भाइयों के बीच सयानी चंपा
एक दिन घर की छत से
लटकती पाई गई
तालाब में जलकुंभी के जालों के बीच
दबा दी गई
वहाँ एक नीलकमल उग आया
जलकुंभी के जालों से ऊपर उठकर
चंपा फिर घर आ गई
देवता पर चढ़ाई गई
मुरझाने पर मसल कर फेंक दी गई,

जलाई गई
उसकी राख बिखेर दी गई
पूरे गाँव में
रात को बारिश हुई झमड़कर
अगले ही दिन
हर दरवाज़े के बाहर
नागफनी के बीहड़ घेरों के बीच
निर्भय-निस्संग चंपा
मुस्कुराती पाई गई।

हॉकी खेलती लड़कियाँ

आज शुक्रवार का दिन है
और इस छोटे से शहर की ये लड़कियाँ
खेल रही हैं हॉकी।
खुश हैं लड़कियाँ
फिलहाल
खेल रही हैं हॉकी
कोई डर नहीं।
बॉल के साथ दौड़ती हुई
हाथों में साधे स्टिक
वे हरी घास पर तैरती हैं
चूल्हे की आँच से
मूसल की धमक से
दौड़ती हुई
बहुत दूर आ जाती हैं
वहाँ इंतज़ार कर रहे हैं
उन्हें देखने आए हुए वर पक्ष के लोग
वहाँ अम्मा बैठी राह तकती है
कि बेटियाँ आएँ तो
संतोषी माता की कथा सुनाएँ
और

वे अपना व्रत तोड़ें।
वहाँ बाबूजी प्रतीक्षा कर रहे हैं
दफ़्तर से लौटकर
पकौड़ी और चाय की
वहाँ भाई घूम-घूमकर लौट आ रहा है
चौराहे से
जहाँ खड़े हैं मुहल्ले के शोहदे

रोज़ की तरह
लड़कियाँ हैं कि हॉकी खेल रही हैं
लड़कियाँ
पेनाल्टी कार्नर मार रही हैं
लड़कियाँ
पास दे रही हैं
लड़कियाँ
'गो...ल-गो...ल' चिल्लाती हुई
बीच मैदान की ओर भाग रही हैं

लड़कियाँ
एक-दूसरे पर ढह रही हैं
एक-दूसरे को चूम रही हैं
और हँस रही हैं
लड़कियाँ फाउल खेल रही हैं
लड़कियों को चेतावनी दी जा रही है
और वे हँस रही हैं
कि यह ज़िंदगी नहीं है—
इस बात से निश्चिंत हैं लड़कियाँ
हँस रही हैं
रेफ़री की चेतावनी पर
लड़कियाँ
बारिश के बाद की
नम घास पर फिसल रही हैं
और गिर रही हैं
और उठ रही हैं

वे लहरा रही हैं
चमक रही हैं
और मैदान के अलग-अलग मोर्चों में
रह-रहकर उमड़-घुमड़ रही हैं

वे चीख़ रही हैं
सीटी मार रही हैं
और बिना रुके भाग रही हैं
एक छोर से दूसरे छोर तक
उनकी पुष्ट टाँगें चमक रही हैं
नृत्य की लयबद्ध गति के साथ
और लड़कियाँ हैं कि निर्द्वंद्व निश्चिंत हैं
बिना यह सोचे कि
मुँह दिखाई की रस्म करते समय
सास क्या सोचेगी
इसी तरह खेलती रहती लड़कियाँ
निस्संकोच, निर्भीक
दौड़ती-भागती और हँसती रहतीं
इसी तरह
और हम देखते रहते उन्हें
पर शाम है कि होगी ही
रेफ़री है कि बाज नहीं आएगा
सीटी बजाने से
और स्टिक लटकाए हाथों में
एक भीषण जंग से निपटने की
तैयारी करती लड़कियाँ लौटेंगी घर
अगर ऐसा न हो तो
समय रुक जाएगा
इंद्र-मारुत-वरुण सब कुपित हो जाएँगे
वज्रपात हो जाएगा, चक्रवात आ जाएगा
घर पर बैठे
देखने आए वर पक्ष के लोग
पैर पटकते चले जाएँगे
बाबूजी घुस आएँगे गरज़ते हुए मैदान में

भाई दौड़ता हुआ आएगा
और झोंटा पकड़कर घसीट ले जाएगा
अम्मा कोसेगी—
'किस घड़ी में पैदा किया था
ऐसी कुलच्छनी बेटी को!'
बाबूजी चीख़ेंगे—
'सब तुम्हारा बिगाड़ा हुआ है!'
घर फिर एक अँधेरे में डूब जाएगा
सब सो जाएँगे
लड़कियाँ घूरेंगी अँधेरे में
खटिया पर चित्त लेटी हुईं
अम्मा की लंबी साँसें सुनतीं
इंतज़ार करती हुईं
कि अभी वे आकर उनका सिर सहलाएँगी

सो जाएँगी लड़कियाँ
सपने में दौड़ती हुई बॉल के पीछे
स्टिक को साधे हुए हाथों में
पृथ्वी के छोर पर पहुँच जाएँगी
और 'गोल-गोल' चिल्लाती हुईं
एक-दूसरे को चूमती हुईं
लिपटकर धरती पर गिर जाएँगी!

इस स्त्री से डरो

यह स्त्री
सब कुछ जानती है
पिंजरे के बारे में
जाल के बारे में
यंत्रणागृहों के बारे में
उससे पूछो
पिंजरे के बारे में पूछो

वह बताती है
नीले अनंत विस्तार में
उड़ने के
रोमांच के बारे में
जाल के बारे में पूछने पर
गहरे समुद्र में
खो जाने के
सपने के बारे में
बातें करने लगती है।
यंत्रणागृहों की बात छिड़ते ही
गाने लगती है
प्यार के बारे में
एक गीत

रहस्यमय हैं इस स्त्री की उलटबाँसियाँ
इन्हें समझो।
इस स्त्री से डरो।

गार्गी

मत जाओ गार्गी प्रश्नों की सीमा से आगे
तुम्हारा सिर कटकर लुढ़केगा ज़मीन पर
मत करो याज्ञवल्क्यों की अवमानना
मत उठाओ प्रश्न ब्रह्मसत्ता पर
वह पुरुष है!
मत तोड़ो इन नियमों को
पुत्री बन पिता का प्यार लो
अंकशायिनी बनो
फिर कोख में धारण करो
पुरुष का अंश
मत रचो नया लोकाचार
मत जाओ प्रश्नों की सीमा से आगे

गार्गी, तुम जलो रुपयों की ख़ातिर
बिको बीमार बेटे की ख़ातिर
नाचो इशारों पर
गार्गी तुम ज़रा स्मार्ट बनो
तहज़ीब सीखो
सीढ़ी बन जाओ हमारी तरक़्क़ी की
गार्गी तुम देवी हो—जीवनसंगिनी हो
पतिव्रता हो गार्गी तुम
हम अधूरे हैं तुम्हारे बिना
महान बनने में हमारी मदद करो
दुनिया को फ़तह करने में
आसमान तक चढ़ने में

गार्गी, तुम एक रस्सी बनो
त्याग-तप की प्रतिमा हो तुम
सोचो परिवार का हित
अपने इस घर को सँभालो
मत जाओ प्रश्नों की सीमा से आगे
तुम्हारा सिर कटकर लुढ़केगा ज़मीन पर!

प्रार्थना

प्रभु!
मुझे गौरवान्वित होने के लिए
सच बोलने का मौक़ा दो
परोपकार करने का
स्वर्णिम अवसर दो प्रभु, मुझे
भोजन दो प्रभु, ताकि मैं
तुम्हारी भक्ति करने के लिए
जीवित रह सकूँ
मेरे दरवाज़े पर थोड़े से ग़रीबों को
भेज दो,

मैं भूखों को भोजन कराना चाहता हूँ
प्रभु, मुझे दान करने के लिए
सोने की गिन्नियाँ दो
प्रभु, मुझे वफ़ादार पत्नी, आज्ञाकारी पुत्र
लायक़ भाई और शरीफ़ पड़ोसी दो
प्रभु, मुझे इहलोक में
सुखी जीवन दो ताकि बुढ़ापे में
परलोक की चिंता कर सकूँ
प्रभु,
मेरी आत्मा प्रायश्चित करने के लिए
तड़प रही है
मुझे पाप करने के लिए
एक औरत दो!

नई ईश-वंदना

प्रभु! भर दे
भर दे इस जगत को
क़ाहिलों और कंजूसों से
मनहूसों और चापलूसों से
ढोंगियों और कूपमंडूकों से

प्रभु! क़र्ज़ दे और दिला
कुछ खा और खिला।
प्रभु! हमारे दिलों में भक्ति भर!
विचार हर! विवेक हर!
तर्क से हमें मुक्त कर!
हमारी बाहरी आँखें ले ले प्रभु
हमें भीतरी आँखें दे दे
अब तो आ जा प्रभु! ओ कल्कि अवतार!
धर्मध्वजा लहराते
निकल पड़ पापियों को रौंदते!

उन्हें सबक़ सिखा प्रभु, जो नहीं भोगना चाहते
पिछले जनम के पापों का दंड
प्रभु! यूनियनों की रीढ़ निकाल ले
इन्हें भ्रष्ट नेताओं से भर दे
हड़तालियों को कुचलवा दे प्रभु
जो नहीं रहना चाहते भूखे
उन्हें गोलियाँ खिला दे
प्रभु! जनतंत्र को बचा
ज़रूरत हो तो आपातकाल ला
तू चिरंतन है,
जैसे कि लूट है चिरंतन
सिद्ध कर दे प्रभु!
तू सार्वभौमिक है
दुनिया का आर्थिक एकीकरण बतला रहा है
यही तो है संचार क्रांति का सन्देश मेरे प्रभु!
पेरेस्त्रोइका की चेतना से
जन-जन को भर दे प्रभु!
अपने विधान में हस्तक्षेप का नतीजा
हर बार वैसे ही दिखला दे
जैसे कि दिखलाया है रूस और पूर्वी यूरोप में!

प्रभु! आसमान में स्वर्ग है, अज्ञानियों को बता
इस दुनिया को नरक बना
महँगाई बढ़ा! हमें उसकी पीठ पर बैठा
आसमान तक चढ़ा
प्रभु! तू है, यह बता दे! दंगे करा दे
आज़ाद ख़याल बेशर्म औरतों पर
बलात्कार करा दे
गोलियाँ चलवा दे प्रभु
अपनी असीम सत्ता का अहसास करा दे

प्रभु! इस तरह, तू है, यह सिद्ध कर दे!
नास्तिकों, अधर्मियों और कम्युनिस्टों का
मुँह बंद कर दे!

एक बग़ावती प्रार्थना

हे ईश्वर!
या तो इस जगत को
स्कूलों से मुक्त करो
या हमें ही उठा लो 'किडनैप' करा दो
चमत्कार कर दो
लीला दिखा दो
हे प्रभु आनंददाता!
बस्तों में किताबों की जगह
चॉकलेट भर दो या
मिसरी की डलियाँ

परमात्मा!
सभी पोथियों में आग लग जाए
सभी मास्टरों को हैज़ा हो जाए
पहाड़े रटाते समय चाचा की ज़ुबान ऐंठ जाए
बाढ़ में सभी स्कूल डूब जाएँ
वहाँ हम काग़ज़ की नाव चलाएँ
हाज़िरी रजिस्टर के पन्ने फाड़कर पतंग उड़ाएँ
शिक्षा को लेकर बहस करने वाले और नीतियाँ बनाने वाले
सभी शिक्षाशास्त्री
सीधे पागलख़ाने जाएँ।

आस्था का प्रश्न

तर्क नहीं होता
आस्था के प्रश्न पर
आस्था का न्याय से
कोई संबंध नहीं होता।
आँखें नहीं होतीं आस्था की

कुछ भी कर सकती है—
सड़कों पर
नाच सकती है डायनों-सी
खप्पर में पीती हुई बच्चों का ख़ून
विकट रूप धर, बस्तियों को
राख करती
दिल्ली तक जा सकती है
मच्छर बन मतपेटियों में
समा सकती है
भीम रूप धर संसद में
प्रवेश पा सकती है
तर्क को सैकड़ों फुट नीचे
दफ़न कर सकती है आस्था
इतिहास की कपाल-क्रिया कर
अपने तथ्य ख़ुद गढ़ सकती है
आस्था केवल बहुमत का
अधिकार होती है
आस्था उन्माद की अम्मा होती है
मतदान-यज्ञ की कृत्या होती है
आस्था

रहना चाहते हो यदि इस मुल्क़ में
तो आस्थावान बनो
महान पूर्वजों के वारिस
महान बनो।

गुजरात-2002-(तीन)

भूतों के झुंड गुज़रते हैं
कुत्तों-भैसों पर हो सवार
जीवन जलता है कंडों-सा
है गगन उगलता अंधकार

यूँ हिंदू-राष्ट्र बनाने का
उन्माद जगाया जाता है
नरमेध यज्ञ में लाशों का
यूँ ढेर लगाया जाता है
यूँ संसद में आता बसंत
यूँ सत्ता गाती है मल्हार
यूँ फासीवाद मचलता है
करता है जीवन पर प्रहार
इतिहास रचा यूँ जाता है
ज्यों हो हिटलर का अट्टाहास
यूँ धर्म चाकरी करता है
पूँजी करती वैभव-विलास

एक असमाप्त कविता की अति प्राचीन पांडुलिपि

स्त्री हूँ, अज्ञान के अंधकार में भटकने को पैदा हुई—यह जानने में ही उम्र का एक बड़ा हिस्सा ख़त्म हो गया। पशु नहीं थी फिर भी। या बन नहीं पाई। जो अपरिचित रह जाती ज्ञान से।

गुरु बिना ज्ञान नहीं संभव। यह जाना। सुना। गुरु मिले। उम्र का एक और बड़ा हिस्सा ख़र्च करने के बाद। 'पेड़ बनकर फल और छाया दो'—गुरु ने कहा। बतलाया मुक्ति-मार्ग। आज्ञा शिरोधार्य। वैसा ही किया मैंने। बहुत सारे लोग आए भूख मिटाने। मेरी छाया में करने आराम। कुछ ने मेरी टहनियाँ तोड़ डालीं। मसल डालीं फुनगियाँ। कुछ ने काट दी डालियाँ। और कुछ ने तनों की ख़ाल खुरचकर अपने नाम लिख डाले।

फिर गुरु ने कहा—'धरती बनो।' धरती भी बनी मैं। सर्वसहा। सदियों वे चीरते रहे मेरी छाती और जो कुछ भी पैदा किया उसके लिए लड़ते रहे। उनका ख़ून जज़्ब होता रहा मेरी खुली छाती में। दूध नहीं, सिर्फ़ ख़ून ही चूस सकते थे वे मेरे स्तनों से। और मातृत्व की महानता पर रच सकते थे अनगिन कविताएँ। तब गुरु ने कहा—'एक विशाल, हवादार, रौशन घर बन जाओ'। तत्क्षण किया ऐसा ही। शीत-आतप की चिंता किए बिना। पर उन्होंने मेरी सारी

खिड़कियाँ बंद कर दीं। मूँद दिए सभी रोशनदान। दरवाज़ों पर वज़नी ताले डाल चाभियाँ तेज़ाब की एक नदी में फेंक दीं। और मेरी रूह को घुप्प अँधेरे में क़ैद कर दिया।

इस बार गुरु ने कहा—'एक किताब बन जाओ।' सो बन गई मैं। पर उन्होंने सीधी-सादी बातें कहतीं मेरी तमाम लाइनों को तरह-तरह की रोशनाइयों से अंडरलाइन कर दिया। जटिल व्याख्याओं के पेपरवेट से मुझे कुचल दिया। फिर तकिये के नीचे दबाकर सो गए।

आख़िरी राह सुझाई गुरु ने—'धरती छोड़ उड़ जाओ आकाश में। ग्रह बन जाओ। रात के अंधकार में चमकती रहो सूर्य के प्रकाश से। और फिर उसे भेजती रहो धरती पर।' टिमटिमाती भर रही मैं। थोड़ी-सी रोशनी से अपनी पहचान कराती। धरती पर रोशनी न भेज पाने के असंतोष को झेल भी लेती शायद अपनी अस्मिता की मान्यता के सुख में जीती हुई। पर आवारा उन्मुक्तमना उल्कापिंड लगातार टकरा-टकराकर मुझे लहूलुहान करते रहे। तब जाना कि उड़कर इस पृथ्वी से दूर जा सकते हैं सिर्फ़ महान कवि। कोई आम आदमी नहीं। स्त्री क़तई नहीं।

लौटी फिर गुरु की शरण में। वहाँ मौन था मेरे लिए। चतुर्दिक एक निरुपाय नितांत नीरवता। सहना—कुछ न कहना। जाहि बिधि राखे राम ताहि बिधि रहना। पर हालात इस क़दर बुरे थे और मन इस हद तक बेचैन कि रह पाना संभव ही न था, अकेले चुपचाप या जी पाना स्वांत:सुखाय। फिर जब जीना ही था मरना तो चार युगों, चौरासी करोड़ योनियों का दुख झेल, तैंतीस करोड़ देवताओं का कोप झेल, ऋषियों-मुनियों-यतियों-यक्षों से शापित, उतर पड़ी उस काले जल वाले सरोवर में जिसके तल में था रसातल। वहाँ वे रसातलवासी लगातार बकते रहे गालियाँ। सुनाते रहे उलटबाँसियाँ। पर अंतिम ठौर था मृत्यु से भी आगे यह। फिर जाती कहाँ मैं? वहीं भटकती रही। तब फिर बरसों बाद अर्थ खुले उन तमाम उलटबाँसियों के। चीज़ों को जानना हुआ एक हद तक। और यह कि चीज़ों को बदलने की प्रक्रिया में लोग ख़ुद को भी बदल लेते हैं। और यह कि स्त्री के लिए भी पहली ज़रूरी चीज़ यह जानना है कि एक बेहतर दुनिया के वास्ते कविता लिखने की हद तक जीना एक बेहद बुरी दुनिया की बुनियादी बुराइयों और उन्हें बदलने की इच्छा और उद्यम को शब्द देने और शक्ति देने के बाद ही संभव हो सकेगा। तब मैंने वह करने की सोची। और जो भी ज़रूरी था इसके लिए, वह करना

शुरू किया। पर समय अब बहुत कम ही बचा था मेरे पास। इतना कम कि लिखने से पहले, लिखने की शर्त पूरी करने में ही ख़तम होने को आ गया। और तब आने वाली दुनिया के तमाम लोगों के लिए मैंने एक लंबा प्रेम पत्र लिखा। रहस्यपूर्ण और तमाम रहस्यों को खोलता हुआ। और फिर उस रहस्य को लिये हुए साथ, क़ब्र में जा लेटी।

वहाँ से भेज रही हूँ यह एक कलाहीन कविता दुनिया के तमाम सुधी आलोचकों-संपादकों के नाम। मेरी क़ब्र के ऊपर नहीं बना है कोई पक्का चबूतरा। कोई पहचान नहीं उसकी। न कोई नामपट्टी, न कोई समाधि--लेख जिससे कि आप मेरे सफ़र के आख़िरी मुक़ाम की शिनाख़्त कर सकें अपने तमाम संपादकीय अनुभवों और आलोचनात्मक विवेक के बावजूद। यदि यह कविता बन सकी एक थकी हुई मगर अजेय स्त्री की पहचान तो यह कविता रहेगी असमाप्त। और यह दुनिया जब तक रहेगी, चैन से नहीं रहेगी।

अजंता देव

अजंता देव का जन्म 31 अक्टूबर, 1958 को जोधपुर, राजस्थान में हुआ। उन्होंने राजस्थान विश्वविद्यालय, जयपुर से हिन्दी साहित्य में एम.ए. किया।

वे शास्त्रीय संगीत (गायन) में प्रशिक्षित हैं, साथ ही नृत्य, चित्रकला, नाट्य तथा अन्य कलाओं में भी उनकी गहरी रुचि एवं सक्रियता रही है लेकिन उनकी पहचान मूलतः कवि के रूप में ही है।

उनके प्रमुख कविता-संग्रह हैं—'राख का किला', 'एक नगरवधू की आत्मकथा', 'घोड़े की आँखों में आँसू', 'बेतरतीब', 'नानी की हवेली'। उन्होंने बांग्ला से नीरेंद्रनाथ चक्रवर्ती व शक्ति चट्टोपाध्याय की कविताओं और अंग्रेज़ी से ब्रेख्त की कविताओं के हिन्दी में अनुवाद किए हैं।

'राजस्थान पत्रिका' और 'धर्मयुग' के साथ पत्रकारिता करने के बाद 1983 से वे भारतीय सूचना सेवा में कार्यरत रहीं। 2010 में स्वैच्छिक सेवानिवृत्ति के बाद अब स्वतंत्र लेखन कर रही हैं।

उन्हें साहित्य सप्तक की ओर से 'गीत सम्मान', राजस्थान पत्रकारिता संस्थान की ओर से 'मीडिया सम्मान' से सम्मानित किया गया है।

इस शृंखला की पाँचवीं कवयित्री अजंता देव हैं। हालाँकि इनकी प्रतिरोध करती कविताओं का ज़िक्र कम हुआ है मगर ये कविताएँ अपना काम करती रही हैं। इनके कविता संग्रह 'एक नगरवधू की आत्मकथा' ने हिन्दी के सुधी पाठकों को चौंकाया था। स्त्री के आंतरिक जीवन की एक बहुत ही सूक्ष्म दुनिया को इस संग्रह की कविताओं ने सबके समक्ष रखा। इससे एक उजाला फैला था जिसको सबने देखा। यहाँ प्रस्तुत प्रतिरोध की कविताएँ भी उसी ज़मीन से आती हुई हमारे लिए थोड़ा और उजाला लेकर आई हैं।

—सम्पादक

गत्ते का मुकुट

मैंने बहुत बाद में जाना
कुर्सी पर सफ़ेद चादर ओढ़ाने से वह हिमालय नहीं होता
गत्ते का मुकुट लगाए खड़ी वह भारत माता नहीं
मेरी सहेली है
पिता की फटी लुंगी का आधा हिस्सा लपेट कर
गांधी जी नहीं तीसरा एक नवीन चला आ रहा
कॉपी पर हल चलाता किसान
उगते सूरज के सामने उड़ते तीन पंछी
और नदी पर आधे झुके नारियल के पेड़
दृश्य नहीं, चित्र हैं
मैंने तो यह भी बहुत बाद में जाना कि
चौथी क्लास का वह लड़का
इन्हें सच समझता था
मैंने यह तब जाना
जब मेरी नज़र तानाशाह पर पड़ी
जब वह गत्ते का वही मुकुट लगाए सामने आया
जो भारत माता ने कब का फेंक दिया था।

कुछ शब्द बदल दें

हमें भूना गया गोलियों से
लगभग पृथ्वी से बाहर धकेल दिए गए
जलाए गए हमारे शरीर
हम आग बुझाने कूद गए समंदर में सिर्फ़
रह गए कुछ फफोले और सुराख

हमारे सीने के भीतर तक घुसा दिए गए
भाले हमने पर्वत शिखरों से रगड़ कर
निकाल दिए सारे नोक
सिर्फ़ रगड़ के निशान रह गए
हमें रौंदा गया बूट से
राइफल की बट से ठोका गया बार-बार
हम रेत में रेत बनकर मिल गए
सिर्फ़ कहीं-कहीं रंग बदल कर रह गई मिट्टी
घर से बाहर
बाहर से और बाहर
लेकिन हम लौट आए बिगड़ा मौसम बनकर
सिर्फ़ कुछ खालें लटकी रही जंगलों में
पेड़ पर यहाँ वहाँ बालों के कुछ गुच्छे बस
वाकई यहाँ ऐसा कुछ नहीं मिलेगा
आप यह कविता बच्चों के पाठ्यक्रम में लगा सकते हैं
बस, गोली आग भाला राइफल और बूट की जगह
फूल बर्फ़ डाली पिचकारी और रंग कर दें।

जहर

अगर तुम नहीं पहचानते ज़हर
तो ज़रूर मर जाओगे किसी दिन धोखे में
उसे चखो, उसका स्वाद याद रखो
याद रखो कि अब कभी नहीं चखना है ये स्वाद...

युद्धबंदी

हताशा से मेरा गला सूख गया
फिर से मेरा ही नाम दर्ज हुआ दुनिया की किसी भी भाषा में
नफ़रत से बोला गया नाम

हर युद्ध की मैं बंदी हूँ हर युद्ध मुझसे छीनता रहता है नीला आसमान
हरे पेड़ कुछ गीत और मोटा अनाज
मेरे नाम में बदल जाता है
कुछ दूर तक का वक़्फ़ा भी नहीं मिलता रिहाई का
कि फिर पकड़ लिया जाता है
कितने सत्तावन सैंतालीस-पैंतालीस छह-पाँच
चौदह सौ अठारह सौ उन्नीस सौ दो हज़ार और जाने कितने आगे भी
मुझ पर पूरी दुनिया का दावा है इसीलिए मुझे कोई नहीं जानता
कोई देश नहीं कहता आगे आकर यह युद्धबंदी मेरा है
सिर्फ़ एक घोड़े की आँखों में आँसू आ जाते हैं हर बार
पेड़ से टपक जाता है खारा पानी
मछलियाँ उलट जाती है
समंदर में ज़मीन फटकर खाई बन जाती है
जिसमें दुबके बच्चे बड़ी-बड़ी आँखों से इंतज़ार करते हैं
लाल सुर्ख धमाकों का
आसमान पर मंडराने लगता है भूतिया जहाज।

ख़ून

प्रेम से ऐसे निकली
जैसे ध्वस्त इमारत से
मलबे में दबे रह गए असंख्य चुंबन
चिंदी हो गए प्रेमपत्र
झूल गए वे तार जो विद्युत प्रवाहित करते थे
दो शरीरों में एकसाथ
उनसे निकली चिंगारियों से चेहरा काला पड़ गया
वह इमारत
जिसे खड़ा किया गया था गर्व से
सुंदर नाम से पुकारा गया था
अब उसे ढाँचा कहा जा रहा था
ख़तरनाक
कोई नहीं आया मुझे निकालने

चिल्लाने से नहीं
टूटे टुकड़े के धँसने पर पता चला
कि ज़िंदा हूँ और रहना चाहती हूँ
बाहर सब से
मुझे ख़तरे से दूर ले जाते
नीचे मलबे में अब भी गर्म था मेरा ख़ून
ईंटों को नमी देता हुआ।

मौत

आँखें बाहर की तरफ निकलकर ठहर गई थीं
बहुत पहले से नज़ारों से फेर ली थीं नज़र
गला पकड़ने को एक पूरी जमात लगी हुई थी बरसों से
चौखाने वाला मफ़लर भी छिपा नहीं पा रहा था
लगातार गहरा होता निशान
साँस लेते ही बारूदी हवा पी जाती थी अंदर की प्राणवायु
उसके और मृतक के हक़ बराबर थे, या शायद मृतक के कुछ ज़्यादा

मौत दम घुटने से हुई, लगभग बारह घंटे पहले।

यह भी एक मृत्यु

मेरी शव परीक्षा में
नहीं पाई गई भुखमरी से मृत्यु
डॉक्टरों ने नहीं खोला मेरा पेट
देखी खुर्दबीन से मेरी उँगलियाँ
लिखा, नाखूनों पर मिले हैं आटे के अंश
नहीं पता चला किसी को मेरी मौत का
उन्हें भी नहीं जिनके घर मैं खाना बनाती थी

अज्ञात कारणों से मौत, मृतका किसी क्रॉनिक बीमारी से ग्रस्त नहीं थी।

शिकारी से बचने के अचूक मंत्र आधुनिक कुटिल इंद्रजाल से

मंत्र-एक

सिर्फ़ रंग बदल लेने से जान नहीं बचती
त्वचा पर काँटे और लार में ज़हर ही असली हथियार है।
(कैसे भी अपना ज़हर बचा कर रखें)

मंत्र-दो

सिर्फ़ अपने अहसास पर भरोसा रखें
टिटहरी पर नहीं
उसकी चेतावनी शिकारी के कानों तक भी पहुँचती है।
(सन्नाटे को सुनें)

शांति भी एक युद्ध है

तन कर खड़ा होता है
हिंसा के विरुद्ध अहिंसा
नफ़रत के विरुद्ध प्रेम
शांति भी एक युद्ध है
युद्ध के ख़िलाफ़।

प्रज्ञा रावत

प्रज्ञा रावत का जन्म 2 दिसंबर, 1961 को, झाँसी, उत्तर प्रदेश में हुआ।

उन्होंने शासकीय सरोजिनी नायडू कन्या महाविद्यालय, भोपाल से अंग्रेज़ी में, बी.ए. किया। एम.ए., बी.एड. तथा पी-एच.डी. की उपाधि प्राप्त की। अरुंधती रॉय की सामाजिक और सांस्कृतिक दृष्टि पर उनका शोध कार्य रहा।

मध्य प्रदेश उच्च शिक्षा विभाग, शासकीय बेनज़ीर महाविद्यालय में अंग्रेज़ी की प्रवक्ता।

2012 में उनका कविता-संग्रह 'जो नदी होती' प्रकाशित हुआ। 2016 में उन्होंने भगवत रावत के कविता-संग्रह 'यह महज़ कोरा कागज़ नहीं' का सम्पादन किया।

नवंबर, 2021 में उन पर विशेषांक 'राग भोपाली' 'प्रज्ञा रावत—जिजीविषा की कविता' प्रकाशित हुआ। विभिन्न पत्र-पत्रिकाओं में उनकी कविताएँ व आलेख प्रकाशित हुए हैं।

उन्होंने ब.व. कारन्त के बच्चों के नाटक में गायन और देश की पहली संस्कृत फ़िल्म 'आदि शंकराचार्य' में भी सह-गायन किया।

उन्हें 'साहित्य सुरभि अलंकरण', 'वागीश्वरी सम्मान', 'डॉ. सुषमा तिवारी सम्मान' से सम्मानित किया गया है।

इस शृंखला की छठी कवयित्री प्रज्ञा रावत हैं। इनकी कविताएँ मुखर प्रतिरोध की कविताएँ नहीं हैं, परंतु ये भीतर बैठे गहरे असंतोष को अभिव्यक्त करनेवाली कविताएँ अवश्य हैं। इनको पढ़ते हुए ऐसा लगता है कि प्रतिरोध की भूमिका यहाँ बन रही है। ऐसी कविताओं का भी स्वागत हमें करना चाहिए। जिस कवयित्री के अंतस में प्रकृति के तमाम जीव-जंतुओं के प्रति इतनी करुणा हो तब वह क्योंकर न समाज में धकियाकर दरकिनार कर दिए गए लोगों की आवाज़ बने।

—सम्पादक

जब मैं कहती हूँ

जब मैं कहती हूँ
कविता तुम मेरे पसीने से उपजीं
मेरी आत्मा में रची-बसीं
जीवन के गड्ड-मड्ड उतार-चढ़ावों के बीच से
निकालती रही हो साफ़ रास्ते तक
उसका मतलब उन सारे संबंधों से होता है
जो जीवन की हर डोर के साथ
लिपटे हुए होते हैं क्योंकि
वो तुम ही हो जिसने घोर-अंधकार
और निराशा में भी छोड़ा नहीं साथ
रही ही हो तुम ज़ीवन की लय में
आदिमकाल से आदमी के सफ़र में
उसकी साँसों की तरह
निर्बाध गति के साथ बही हो तुम
अब
जब कुछ सफ़ेदपोश तुम्हारे
पढ़े जाने पर उठाएँ सवाल
तो मैं इतनी भी कायर नहीं कि
मुँह फेरकर खड़ी हो जाऊँ
मैं फिर ले जाऊँगी तुम्हें
उन सब जगहों पर जहाँ-जहाँ
से तुम्हें किया गया बेदख़ल
गाऊँगी तुम्हें उसके सामने जिसकी
ज़िंदगी पर पड़ गया पाला
और उसके सामने जिसकी अनाज की बालों
को लूट लिया गया बेईमानी से

वो जो बैठा है फंदा बनाकर
मैं जाऊँगी वहाँ उसके पास
जिसने मटके बनाना छोड़ दिया
और बनाना चाहता है अपने
बच्चों को बाबू क्योंकि उसे पता है
कि अब मटकों से बुझती नहीं प्यास
मिट्टी को इतना उगाया पीसा और महीन
बना दिया गया है कि वो ख़ुद
डरती है अपने चेहरे से
तो मैं तुम्हें गाऊँगी
उन-उन जगहों पर जहाँ आदमी के
हाथ में तलवार है, बंदूकें तनी हैं
एकदम तैयार हैं सब मरने-मारने को
चारों तरफ आतंक और गुंडागर्दी का साया है
आँखों की शर्म के पर्दे तार-तार हो चुके हैं
पूँजी का खेल अपने निकृष्टतम आचरण में है
इस समय तुम्हारी नेक आवाज़ की
बहुत ज़रूरत है कविता
क्योंकि वो सिर्फ़
तुम ही हो जो बदल सकती हो दिशाएँ-दशाएँ
अब तुम्हें किताबों और पन्नों से उतारकर
उठाकर गाया जाना बहुत ज़रूरी है
और मैं
इसे दुनिया के तमाम
ज़रूरी और
ख़ूबसूरत कामों की तरह करूँगी।

मंगल-गान

सूरज की एक ख़ूबसूरत किरण-सी
हमारी सुबह को खुशनुमा बनातीं
सीलन को धूप दिखातीं

अपनी जादुई छड़ी से
हमारे अलसाए घर को जगातीं
हर रोज़ जब दाख़िल होती हैं
हमारे दरवाज़ों के भीतर
ये कामवालियाँ
तो दरअसल
वे ही तो हैं जो सचमुच झेलती हैं
विस्थापित होने का दर्द हर तरफ़ से
खड़ी रहती हैं फिर भी एक मजबूत
लोहे की दीवार-सी स्थापित
हमारे हर दुःख में
उनके चेहरे पर टँकी होती हैं
हमारे दिन के शुरू होने की पहली रेखा
वो नहीं जानतीं
विस्थापित या स्थापित
होने की परिभाषा
और उनके बारे में किए जा रहे
विमर्शों को
वो नहीं जानतीं उन व्याख्यानों को
जो छपते-बिकते हैं हज़ारों में
उनके बारे में

श्रम के हाथों की कठपुतली
वे हैं बेख़बर अपनी ताक़त से
उनके धीरे-धीरे उभरते वजूद में
जब वेग आएगा अपनी पूरी ताक़त के साथ
तब हज़ारों साल के दंश की
सीलन को वे दूर हटाएँगी
परत दर परत
वह समय उनका होगा
अनंतकाल से इंतज़ार करते
आईने तब मुस्करा उठेंगे
वो झटपट फेंक आएँगी अपनी
सारी की सारी यातनाएँ

बड़े-बड़े कूड़ेदानों में
और मिल-बैठ फिर
गाने लग जाएँगी कोई नया
मंगल-गान।

ईमानदार आदमी

ईमानदार आदमी ने कभी
ढूँढ़ा नहीं किसी का साथ
ईमानदारी अपनी निर्मलता के साथ
रहती है एकदम अकेली
जहाँ है बेईमानी अनाचार
देखो कितने डरे पिटे-पिटे-से
विचरते झुंडों में करते हुए क़िलाबंदी
कतरते हैं दूसरों के पंख
ईमानदारी फिर-फिर उठ खड़ी होती है
बूँद-बूँद सँजोए ख़ुद को
कितना बोझिल-सा लगने लगा है
आदिमकाल से चले आ रहे ईमानदारी के
इस परम सच का बार-बार कहना-सुनना
सफलता और असफल के पैमानों के बीच
अपने जीवन के प्रश्नों का उत्तर खोजते
इस महादौर में नीति की ये बातें
किसी पाठ का हिस्सा नहीं अब

अब जबकि शब्दों के इतने कुरूप और बेस्वाद
हो चुके अर्थों का शोकगीत गा रही हो भाषा
तब किस भाषा में अपने बच्चों को
पढ़ाऊँ जीवन के ज़रूरी पाठ
यह सोचते-सोचते अचानक
नज़र उस आदमी पर ठहर गई
जो किसी अटल चट्टान की तरह

खड़ा रहा जीवन के उतार-चढ़ावों में
नहीं छोड़ा तो बस एक विश्वास कि
भले ही मान लिया गया हो
इन बातों को बोझिल-बेस्वाद
पर सच तो है यही कि
ईमानदारी निहत्थी ही सुंदर लगती है
और अपनी, अपनी क्या कहूँ
मैं इस विश्वास के सामने नतमस्तक हो गई।

प्रतिरोध

कुछ बरामदे नहीं होते तो आख़िर
आदमी अपने दुख कहाँ उतारता
कुछ बरामदे तो सबके दुख उतारने
के लिए ही बने थे आख़िर
बरामदे खाली हुए तो
दुख छिप गए
टूटी दराँचें भर-भर गईं
नए पत्ते फूटने लगे
वो उठी उसने उतारी अपनी खेप
तोड़ी आख़िरी
तुलसी मीठी नीम के पत्तों की तड़क
चल दी ठीक समुद्र की उठती लहरों की तरफ़
सूरज और चंद्रमा को नहीं समुद्र की
खूबसूरत लहर को दिया अर्घ्य
अब वो एक खूबसूरत मर्मेड थी
बहुत ऊँची उठती लहर।

फतह

जब मनुष्य जीवन के संघर्षों में
खपता है वो कुछ फ़तह करने
नहीं निकलता
जिनके इरादे सिर्फ़ फ़तह करने
के होते हैं, झंडे गाढ़ने के होते हैं
उनसे डरो
इतिहास भरा पड़ा है युद्ध की इन
मरने-मारने की गाथाओं से
फ़तह से
चींटियों के झुंड के चुपचाप अपना
संसार रचते, संघर्ष के बार-बार शुरू होने से
उसे गिराने तक
एक बनाता है, दूसरा तोड़ता है
एक रचता है, दूसरा नष्ट करता है
गिराता है
एक रात भर रचता है, दूसरा पैरों से ठेलता है
एक सच बोलता है, दूसरा झूठ
सिर्फ़ झूठ बोलता है
ये चींटियों से शेरपाओं तक की कथाएँ हैं
मनुष्यता से कन्हैया तक की भी जिसे लोकतंत्र
सम्हालेगा बख़ूबी सम्हालेगा।

सुबह सवेरे

दुनिया के फेफड़े
में आग लगी है
अमेजन के जंगल में
दो हफ्ते से नहीं बुझी है आग
आसमान काला हो रहा है

शेयर बाज़ार में भारी गिरावट आई है
बाज़ार एक ही दिन में
काफ़ी डूब गया है!
पृथ्वी के हर भाग पर मची है मारकाट
पढ़ते हुए ये समाचार
सोच रहा है कवि मन
कि इस ख़ौफ़ में...
क्या सीख दूँ बच्चों को
कि देखें चाँद की तरफ़
और मनाएँ खुशी
मंगल, चंद्रयान के आनंद की
इस बीच अपने भीतर तेज़
सरसराहट महसूस करती हूँ
कि धीरे-धीरे सारे बच्चे
दुबक गए हैं मेरे आँचल में
इकट्ठा होने लगते हैं
बच्चों के चेहरे
सोमालिया, अल-सल्वाडोर, क्यूबा के बच्चे
पेरू के बच्चे, वियतनाम के बच्चे, कोरिया, कंबोडिया के बच्चे
इज़राइल और फ़िलीस्तीन के बच्चे
अफ़ग़ानिस्तान, हिंदुस्तान, पाकिस्तान
ईरान, इराक और
क्राग़ुएवात्ज़ के बच्चे!
मैं पनाह देती हूँ अपने जिस्म के भीतर इन्हें
ज़ोर-ज़ोर से चीख़ रही होती हूँ
मेरे हाथ से छूटकर
चकनाचूर हो गया है
फ़र्श पर
चाय का कप
और ये बिलकुल सुबह का
समय है
संसार भर के
मेरे मित्रो!!

घर जाना

धरती के इस छोर से
फिर शुरू कर दिया है चलना
सभ्यताओं के विकसित जंगल
से बाहर हाँके जा रहे ये चींटियों के झुंड
नहीं इनसानों के हुजूम हैं
जिन्हें सभ्य भाषा में
कामगार माना जाता है
इन्हें घर जाना है!

जिनके पास नहीं इस छोर से
उस छोर तक कोई घर
उन्हें घर जाना है
जो पोटलियों में पैदा होते गए
जनानी के बच्चे से आदमकद जवान तक
जो दफ़न करते गए दादी-नानी
की पीढ़ियों के किस्से इनमें
उन्हें घर जाना है!

जो निन्यानबे से एक सौ निन्यानबे,
माफ़ करें नौ सौ निन्यानबे के रंगीन
काँचों के जश्न में सराबोर मॉल
के तिलिस्म को
ताजमहल की हुनरमंदी-सा हमारे लिए तराशते रहे
सदियों से ताक़ते रहे
हर शहर की तीसरी सड़क से
उस हुजूम को घर जाना है!

इन दिनों जबकि हमें अपने घर
अधिक अच्छे लगने लगे हैं
संसार भर में पृथ्वी पर तारी इनसानों
की मृत्यु का दर्दनाक खौफ़ छाया है

तब ये हुजूम बेदख़ली का फ़रमान
अपने सीने पर उठाए क्यों निकल
पड़े हैं तपिश में!

जिनका नहीं कोई घर
तो फिर उन्हें घर क्यों जाना है!
क्या उन्हें अपने आदम गाँव की
हवा पर है भरोसा या उस आसमान
के आसपास पहुँचना चाहते हैं
जिसकी तनी अरगनी पर
फचीटे हुए कपड़े-सा टाँग देंगे अपने लुटे जिस्मों को
ये उनके घर पहुँचने की मुहिम का
आख़िरी मंज़र होगा!

बाँके बिहारी

न जाने कब से ढूँढ़ रही हूँ
उस तमतमाहट को, आक्रोश को
आँखों में गमक थी जिसकी
जो सही को सही और गलत को गलत
साबित करने में ज़मीन और आसमान
एक कर देता था
बिजली-सी चमक लिये
जिसके हाथ लगाते ही झुक जाती थी डालियाँ
मुड़ जाते थे रास्ते
जीवन की गति और लय से सराबोर
आक्रोश में सना
जिस पर नाज़ करते थे मोहल्ले वाले

वो कुछ भी हो सकता था
कवि-लेखक पत्रकार टाइपिस्ट
मनुष्यता की क्रांति के आंदोलनों का

मज़बूत स्तंभ हो सकता था वो
जो धीमे-धीमे हमारे गिरह से छूटता गया
ढूँढ़ो-ढूँढ़ो उसे कहीं तो ढूँढ़ो,
वो यहीं कहीं है!

पूरे जहान का बाँके बिहारी
हमारे मोहल्लों का नायक
अब बुदबुदाता है, मिमियाता है
उसका तेवर दब गया है
बड़े-बड़े लोन की
महीन से महीन लिखी इबारत में
उसके गुस्से को लील गया है
शिष्टाचार का तमाचा
अनुलोम-विलोम करते हुए
मन-ही-मन अक्सर बक रहा होता है
जी भरके गालियाँ
बहुत नामकरण हुए उसके
कहीं 'होली एँगर' तो
कहीं 'एगॉनी आंट'
वो जो चला था अपने गाँव-घर से
चूसता हुआ गन्ना
बनने आदमी
तब्दील हो गया है 'शुगरकेन' में
पड़ा हुआ दिख जाएगा
कहीं भी चाय की ट्रे की तश्तरी के
शुगर क्यूब में
बेचता जैतून की तेल की मालिश के नुस्खे
और हम हैं कि ढूँढ़ रहे हैं उसे
गली-गली मोहल्ले-मोहल्ले
शायद उसे ये बताने कि वो
शिष्टाचार नहीं था
गुलामी की मार थी
आज़ादी के बाद की गुलामी
जो पैदा की गई थी छोटे मुल्कों में

बिलकुल वैसे ही जैसे
बीमारियाँ नहीं थीं
बीमारियों की मार थी
युद्ध नहीं थे
युद्ध की मार थी
बाँध नहीं थे
बाँधो की मार थी

उसके आक्रोश को मारा गया
साजिश के तहत
इतना दबाया गया
कि अब वो हाथ भी
सही दिशा में उठा नहीं पा रहा
एक छोटी-सी चिप में
कैद हो गए हैं उसके सारे सपने
और उसकी ज़िंदगी की
ख़ुशियों का पासवर्ड आपके
पास है महामहिम!

उसकी नींद पर आपका कब्ज़ा है
तो महामहिम अब तो आप खुश हैं
कि बाँके बिहारी को अब गुस्सा
नहीं आता
जनता जनार्दन खुश है कि
अल्बर्ट पिंटो को अब बिलकुल गुस्सा नहीं आता।

ईद मुबारक

जिनके घरों में
आज भी नहीं आया पानी
उन्हें ईद मुबारक

जिनके दड़बों में आज भी बिजली नहीं
उन्हें ईद मुबारक!
जिनकी रसोई में
आज आपके पाक-साफ़ बच्चों के लिए
बड़े जतन से पकते हैं कबाब
उन रसोईयों को ईद मुबारक
जिन्हें आए दिन सुनाया जाता है
वतन से बेदख़ली का फ़रमान
उन्हें भी
ईद मुबारक।

बीजमंत्र

जितना सताओगे
उतना उठूँगी
जितना दबाओगे
उतना उगूँगी
जितना बन्द करोगे
उतना गाऊँगी
जितना जलाओगे
उतना फैलूँगी
जितना बाँधोगे
उतना बहूँगी
जितना अपमान करोगे
उतनी निडर हो जाऊँगी
जितना प्रेम करोगे
उतनी निखर जाऊँगी।

सविता सिंह

सविता सिंह का जन्म फरवरी, 1962 को आरा, बिहार में हुआ।

उन्होंने राजनीतिशास्त्र में एम.ए., एम.फिल., पी-एच.डी. तथा मैक्गिल विश्वविद्यालय कनाडा में शोध व अध्यापन किया। सेंट स्टीफेन्स कॉलेज से अध्यापन आरम्भ करके डेढ़ दशक तक दिल्ली विश्वविद्यालय में पढ़ाया।

हिन्दी व अंग्रेज़ी में सामाजिक-राजनीतिक परिदृश्य, स्त्री-विमर्श और अन्य वैचारिक मुद्दों पर निरन्तर लेखन। उनके प्रकाशित कविता-संग्रह हैं—'अपने जैसा जीवन', 'नींद थी और रात थी', 'स्वप्न समय' और 'खोई चीज़ों का शोक'। अंग्रेज़ी में भी दो कविता-संग्रह प्रकाशित। कई विदेशी भाषाओं और भारतीय भाषाओं में कविताओं और पुस्तकों के अनुवाद।

हिन्दी अकादमी और रजा फाउंडेशन के अलावा 'महादेवी वर्मा पुरस्कार', 'युनिस डि सूजा अवार्ड' और 'केदार सम्मान' से सम्मानित।

सम्प्रति : इन्दिरा गांधी राष्ट्रीय मुक्त विश्वविद्यालय (इग्नू) में प्रोफ़ेसर, स्कूल ऑफ ज़ेंडर एंड डेवलपमेंट स्टडीज़ की संस्थापक निदेशक।

प्रतिरोध की स्त्री-कविता की सातवीं कवयित्री सविता सिंह हैं जिन्होंने हिन्दी में स्त्री-कविता और आलोचना, दोनों विधाओं में, गहरा काम किया है। उनकी कविता 'मैं किसकी औरत हूँ' और आलोचनात्मक लेख 'सौंदर्य के भयावह फूल : शमशेर की टूटी हुई बिखरी हुई का स्त्रीवादी पाठ', दोनों ने ही हिन्दी साहित्य में स्त्री-विमर्श को उसके आंतरिक सौंदर्यबोध में उजागर कर, गौरवपूर्ण ढंग से स्थापित किया। ये भारतीय एवं दुनिया की तमाम अन्य भाषाओं में अनूदित एवं सम्मानित हैं। उनकी कविताओं का मुख्य स्वर प्रतिरोध है। पितृसत्ता के तमाम रूपों का प्रतिरोध!

—सम्पादक

मैं किसकी औरत हूँ

मैं किसकी औरत हूँ
कौन है मेरा परमेश्वर
किसके पाँव दबाती हूँ
किसका दिया खाती हूँ
किसकी मार सहती हूँ
ऐसे ही थे सवाल उसके
बैठी थी जो मेरे सामने वाली सीट पर रेलगाड़ी में
मेरे साथ सफ़र करती
उम्र होगी कोई सत्तर-पचहत्तर साल
आँखें धँस गई थीं उसकी
मांस शरीर से झूल रहा था
चेहरे पर थे दुख के पठार
थीं अनेक फटकारों की खाइयाँ
सोचकर बहुत मैंने कहा उससे
'मैं किसी की औरत नहीं हूँ
मैं अपनी औरत हूँ
अपना खाती हूँ
जब जी चाहता है तब खाती हूँ
मैं किसी की मार नहीं सहती
और मेरा परमेश्वर कोई नहीं'

उसकी आँखों में भर आई एक असहज खामोशी
आह! कैसे कटेगा इस औरत का जीवन!
संशय में पड़ गई वह
समझते हुए सभी कुछ
मैंने उसकी आँखों को अपने अकेलेपन के गर्व से भरना चाहा
फिर हँस कर कहा "मेरा जीवन तुम्हारा ही जीवन है
मेरी यात्रा तुम्हारी ही यात्रा

लेकिन कुछ घटित हुआ जिसे तुम नहीं जानतीं—
हम सब जानते हैं अब
कि कोई किसी का नहीं होता
सब अपने होते हैं
अपने आप में लथपथ
अपने होने के हक़ से लक़दक़

यात्रा लेकिन यहीं समाप्त नहीं हुई है
अभी पार करनी हैं कई और खाइयाँ फटकारों की
दुख के एक-दो और समुद्र
पठार यातनाओं के अभी और दो-चार
जब आख़िर आएगी वो औरत
जिसे देख और भी तुम विस्मित होओगी
भयभीत भी शायद
रोओगी उसके जीवन के लिए फिर हो सशंकित
'कैसे कटेगा इस औरत का जीवन' फिर से कहोगी तुम
लेकिन वह हँसेगी मेरी ही तरह
फिर कहेगी—
'उन्मुक्त हूँ देखो,
और यह आसमान
समुद्र यह, और उसकी लहरें
हवा यह,
और इसमें बसी प्रकृति की गंध सब मेरी है
और मैं हूँ अपने पूर्वजों के श्राप और अभिलाषाओं से दूर
पूर्णतया अपनी"।

स्वप्न के ये राग

कोई आवाज़ ख़ुद को गाती थी
कोई पत्थर सुनता आया था उसे
कोई नदी उसका संगीत बनती आयी थी
मैं जानती थी मेरे जानने में बहुत कुछ और था
जिसे कहने के लिए एक जागी हुई रात चाहिए थी

मेरे जानने में सचमुच कितनी यादें थीं
पिछली सभ्यताओं में भोगे गये दुखों की
कितना बोध इतिहास के बदलने से बदले सच का
स्वप्न के उस राग का जिसे एक स्त्री
सदियों से गाये जा रही है

मेरे जानने में थीं तैरतीं कितनी अतृप्तियाँ मन को मथतीं
प्रेम के लिए मरी स्त्रियाँ त्रासदियों की नयी शक्लें
अपनी मासूमियत में बची अब तक
क्रूरताओं को ढके जैसे वे उनके ही ऐब हों

मेरे जानने में थीं अनेक वैसी यातनाएँ जिनसे वे पैदा हुईं
ग़रीब कातर पराधीन महत्वाकांक्षी वेश्याएँ
कुछ संयमित स्वाधीन मेहनती संतुलित इच्छाएँ
लेकिन थे कुछ वैसे भी विलक्षण लोग जानने में
जिनको याद करना स्वप्न के रागों को गाने जैसा है

मेरे जानने में है वह कवि
जिसकी कविताओं से मैंने बिम्ब चुराये
जिनसे मेरी रातें पूरी हुईं
कटीं बेचैन होती हुई उन्हीं के सहारे
मेरी कविता भी दिखी तभी अपनी संपूर्ण नग्नता में पूर्ण मुझे
मेरी आँखें चौंधियायीं खोजती रहीं नाहक किसी रहस्यमय प्रकाश को

मेरे जानने में है वह भी
जिसे मेरी कविताओं ने स्वयं चुना मेरे लिए
जिसे मैं ख़ुद चाहती थी
कोई साँस चाहे जैसे अपनी ही दूसरी साँस को
मगर मेरे चाहने से क्या कुछ कभी घटित हुआ
वह और दुरूह हुआ
गया दूर खोने किन्हीं और आलिंगनों में
ओस से भरी रात तभी रोती है वह रिक्त है
इतनी कि रिक्तता स्वयं चाहती है भर जाना
किसी उन्मादी प्रणय के अतिरेक से

और वह जो रात की अमर छाया सा पड़ता था
मेरी आत्मा में उगे चन्द्रमा पर
एक नाव जब पार कर रही होती थी
अपनी स्मृति की सबसे काली नदी
वह जानता था बहुत कुछ
जैसे वह जानता था
अपने बिस्तरों में तड़पती उन उनींदी इच्छाओं को
जो कभी पूर्ण नहीं होतीं
जैसे वह जो जानता है
भीलों और उनके जंगलों को
सभ्यता की कुल्हाड़ी जिन पर चलती है
गिराती रात-बिरात सैंकड़ों वर्ष पुराने शाल सागवान को
वह जानता है उस नदी को भी
जो कभी शकुन्तला होती है कभी इंद्रावती

यह सब जानना सचमुच कैसा अनुभव है
अनेकानेक ऐसे वृत्तांतों वाली सभ्यताओं को याद रख पाना
उनके एक भी दुख को ठीक से उन्हें भोगने जैसा ही है
और कौन भोग सकता है दूसरों का दुख
यदि स्वयं नहीं कवि
जो सुन लेता है कुल्हाड़ी की आवाज़
सागवान पर गिरने से पहले ही
देखता है जो एक बेचैन एकाग्रता में एक भील बच्चे को
अलकतरे की सड़क पर अकेले जाते हुए किसी खंदक की तरफ़
टाँगे अपनी अलमस्त पीठ पर किसी प्राचीन शिकारी की याद
उसके साज़ो सामान उपकरण शिकार के

और उसे जानना जो कवि नहीं था
मगर कितना कवि सा! कविता को जानने वाला
उसे जानना जानने को कितना गाढ़ा बनाता था
जो जाने अब कहाँ होगा किन आत्मीयताओं को खोजता
एक दिन पूरे जीवन को जिसने एक उदास रात बताया था
जिसकी जीवन्त आँखें शिथिल होने का भ्रम पैदा करती थीं
असहनीय थीं जो अपनी ठहरी-सी तन्मयता में

एक ठंडी सुबह जो आया था लौटाने
एक अलविदा के साथ मेरा हृदय
मेरे जानने में हमेशा बची रहेगी उसकी मानवीयता और ऊष्मा
उसकी आवाज़ घुमड़ती रहेगी जिसमें उसने मुझे
नाज़िम की कविताएँ सुनायीं जैसे उन्हीं के स्वर में
मेरे जानने में इस तरह शामिल हैं
सभ्यताओं से छनकर आयी तरह-तरह की पीड़ा
सत्य के छल-छद्‌म और उसके अनगिनत रूप
अप्राप्य प्रेम और उसकी लालसा
डबडबाई नदियाँ कादम्बरी शकुंतला
और वे सब जिन्हें कुछ कुछ पता है उन काली रातों का
जिसमें स्वप्न गाते हैं अपने रागों को
सुनती है जिन्हें रात जगी रहती है जो उनकी नींदों में सदा
जिसमें जंगल के जंगल कटते हैं
भीलों के शव शीशम और शालवृक्ष गिरते हैं
मनुष्य की जैसे मनुष्यता

मेरे जानने में हैं ढेर सारी और बातें
लिखी जायेंगी जो और कभी
अभी तो एक टीस है एक अतृप्ति जो भरे हुए है सारे अस्तित्व को
जैसे यह सृष्टि है ही रोने और दहकने की कोई ख़ास जगह
जैसे राग होते ही हैं रुदन को सहनीय बनाने के लिए
उन्हें बदलने के लिए किन्हीं और अनुभवों में
जिससे बची रहे दुख की पवित्रता

और स्वप्न...
उनके दमित असंख्य दूसरे राग
उनके बारे में भी और
कभी और सही
अभी तो फ़िक्र है इसी साँस की जो बेआवाज़ चलती है
एक नीला रंग जिसमें घुलता है
जिससे अंदेशा होता है कहीं है आसपास ही समुद्र कोई
जिसकी उठती गिरती लहरें हैं वे औरतें
वे रागिनियाँ अतृप्तियाँ वे, सुनहरी वैसी आकृतियाँ
जिनमें मेरा एक देश भी है

यहाँ से दिखता है जो जैसे कोई स्वप्न चलता हुआ
हज़ार हज़ार दुश्वारियों से भरा
जवान होती उस लड़की की तरह
धीरे-धीरे जिसकी छातियाँ भर रही हों

मेरे स्वप्न मेरे प्रेम मेरे ज्ञान के मर्मर
लौटना ही होगा हमें कल दूसरे रागों के संग
जब यह रात जो जीवन है
बिल्कुल चुप होगी
और हम सुन सकेंगे सागवानों के गिरने की आवाज़
जैसे अपनी ही भूलें भीतर के किसी जंगल में

•

हम लौट ही आये हैं फिर
इस रात उन रागों के लिए
जिन्हें जंगल गाते हैं
सभ्यताओं के आत्मतोष के लिए
उनके सम्मोहन को बनाए रखने के लिए

बची रही हैं कितनी ही प्रजातियाँ
कितने पेड़ अब भी गाते हैं प्राचीनतम गीत
जिनके रागों के नाम अब किसी को याद नहीं

इस रात जब हम लौटे हैं
पत्तों की नसों में ठहरे ख़ून को टटोलने
जब स्वप्न अपनी आँखें मूँद
बेख़बर रात से
कुछ और देख रहा है
जब उसके और यथार्थ के बीच की झिल्ली
हमारी आँखों में उतर आयी है
और हम साफ़-साफ़ देखने का स्वांग नहीं कर रहे

इस रात सुनना देखने से बड़ी क्रिया है

इस रात हम सुन पा रहे हैं अभी से ही
झींगुरों के मैथुन स्वर झन-झन
कुछ और भी आवाज़ें
अनगिनत स्वर जंगलों में जो सदा से रहे हैं उनकी पहचान की तरह
आज रात जो स्वर हम सुन सकेंगे विस्तार से
वह जिसे कोई सुनता नहीं इस स्वतंत्र देश में
यह आवाज़ उनकी है जिनकी हालत बद से बदतर होती गयी है

इस आवाज़ में एक रोष है
एक अजीब आग सुलगती लकड़ी में ज्यों बची हुई
जिसकी लहक से जल जा सकता है सारा जंगल
उनकी बातों में एक ईमानदारी है
एक खरज
जो नहीं पा सकते हम उन गर्वीली आवाज़ों में भी
जो उठती हैं तो सिर्फ़ दमन के लिए

हम सुनें आज उस स्वर को
जो मौतों, आत्महत्याओं, विलापों के बाद भी घुमड़ता रहता है
जैसे भूख की आवाज़ बदहवास
इस आँत से उस आँत में
दु:स्वप्न के इस राग को हम सुनें आज रात
जो है उनके आश्चर्य में जैसे क्षोभ में
कि किसने सचमुच याद किया है उन्हें
उन्हें समझने के लिए, दया करने के लिए नहीं

आश्चर्य है उन्हें कि हैं कुछ लोग अब भी
जो जानते हैं मनुष्य को उसकी मनुष्यता में
कि मनुष्य होते हैं कुछ करने के लिए रचने के लिए कुछ सुंदर
गोलियों से भून दिए जाने के लिए नहीं
हालाँकि वे यह भी जानते हैं कि पीड़ा सहने से
जैसे बनता है जीवन का एक स्वर
वैसे ही प्रतिरोध करने से भी
तभी तो बची रही हैं कितनी ही प्रजातियाँ इस विश्व की
जैसे मुंडा, भील, गोंड, उराँव अपने देश की
जिनके दु:खों से ही आँखों का पानी बना

जिनकी चीत्कारों से बनी तरह-तरह की आवाज़ें
बस गयीं जो चिड़ियों, मेढकों, हिरणों और
न जाने कितने दूसरे जीवों के कंठों में
जिनके थके बिंधे शरीरों से श्रम उपजा
नदियाँ, जंगल, खेत जिनकी सिसकियों से सींचे गये

यह तो किसी दिकू की समझ के बाहर की बात है
मगर जो लौटे हैं सुनने स्वप्न के दूसरे रागों को
उन्हें तो सुनना ही होगा दुःस्वप्न के इस राग को भी
आत्मकथा की तरह जो ढोल की थाप पर
देश की आत्मा के बहुत भीतर बजता रहा है
जिसे लिखना भाषा की अपर्याप्तता को दर्शाने जैसा है

ढोल की आवाज़ को हम कैसे लिख सकते हैं
कैसे लिख सकते हैं बलात्कार की आवाज़ों को
इन्हें लिखने वाले सिर्फ़ रो सकते हैं
और ये कितनों के रोने और तड़पने के साक्षी
कितनों की पराजय की पीड़ा में शामिल
कटते पेड़ों की तरह कटती देहों को
इन्होंने देखा है
देखा है अपने बच्चों की हत्या होते
थप्पड़ खाते दिकू लोगों के हाथों
बेगार करते मिटते अपने भविष्य को
अपनी ज़मीनों का जाना जिन्होंने देखा
अपनी औरतों का नष्ट होना
ज्यों मिट्टी हो जाना

वे ही कह सकते हैं एक स्वर उन्होंने बचा रखा है
कहने के लिए कि कितना ज़रूरी है
इस संसार को अपनी ही ख़ूँरेज़ी से बचाना
वे कह रहे हैं या कि गा रहे हैं
कि वे पुराने हैं बहुत पुराने
उन्होंने देखे हैं छह सौ चालीस चाँद
और भगवान का मरना भी
जबकि बिरसा भगवान मर नहीं सकता

जब तक तीर है और निशाना
जब तक आता है इन्हें विषकंटक से विष निकालना
पकाना उसे तीर पर लगाना

यह भी आत्मकथा कहने जैसा है
ढोल की थाप सा
अलबत्ता अलग ढंग से

वे हैरान हैं कैसे इस रात
यूँ इकट्ठा हुए हैं ऐसे लोग जो सुनना चाहते हैं
स्वप्न के बचे-खुचे रागों को
पुरानी नयी कथाओं में जो सुप्त पड़े हैं
उन्हें चिंता है सारी बातों को ठीक से कहने की
वे जानते हैं कह पाने में ही होती हैं बातें
जैसे कहने के ढंग से ही संभव होती है कथा
जैसे सुनने और कहने में ही है यह सृष्टि
सुनने और बजने में है जैसे अस्तित्व ढोल का

मगर कही जा रही हैं जो बातें यहाँ
चाहिए उन्हें सुनने के लिए दूसरे कान
सुन सकें जो आवाजें भिन्नता की
सुनने के साथ-साथ जो सोचें
प्रकृति और समाज के बीच
नये अनुबंध की दरकार पर
क्यों प्रजातंत्रा बोलने और सुनने की स्वतंत्रता के अलावा
सुनिश्चित करे सह-जीवन तमाम जीवों का

आज जब हम एकत्र हुए हैं
सुनने के लिए उन रागों को
जिन्हें जंगल गाते हैं
अपने जीवों के आत्मतोष के लिए
हम न छोड़ें बातें अगली रातों के लिए
न सुनें एक चुप में गिरते सागवानों की आवाज़ें
भीतर गिरती अपनी ही भूलों की तरह

हम तय करें आज ही, अभी
जब रात जो जीवन है, फैली हर सिम्त
और स्वप्न शामिल कॉमरेड की तरह
हमारी बातचीत में
कि हम दाख़िल होंगे अपने होने के नये दौर में
अपनी ज़मीनों कथाओं से विस्थापित होकर नहीं
बल्कि निकलकर ढोल की आवाज़ों के साथ
उसे ज़ोर से बजाते हुए।

देश के मानचित्र पर

जिस्म पर इतने ज़ख़्म
मन पर उससे भी ज़्यादा
देश के मानचित्र पर और भी ज़्यादा
एक तरफ ढेर जली लाशों का
एक तरफ टँगा हुआ
पेट चीरकर मारा गया अजन्मा बच्चा

एक तरफ पथरा गयी आँखें कंचों-सी
देखे थे जिन्होंने बलात्कार बहनों बेटियों माशूक़ाओं के
उनके नुँचे स्तन घायल गर्दन कटी-फटी बाँहें
थके ध्वस्त हुए अनगिनत शरीर कराहते लुढ़के
और इस हक़ीक़त के भीतर बचीं वे तमाम औरतें नौजवान बच्चे बूढ़े
यातना शिविरों में खलबल मारे भय के।

जो कोई भी नेक इन्सान कहेगा

उसने कहा बख़्श दो मुझे
तुम तो जानते हो
मैं वही हूँ नसरीन तुम्हारी मुँह बोली बहन
कई बार जो तुम्हारे काम आयी
जब तुम बेहद बीमार थे याद करो

जब घर में और कोई न था तुम्हारे
भागकर मैं ही डॉक्टर के पास गयी थी
पहली बार जब तुम नौकरी के लिए निकले थे
मैंने तुम्हारे लिए दुआ माँगी थी
इधर कई बार तुमने ख़ुद ही मुझसे पूछा था
'कब होने वाला है तुम्हारा बच्चा'

मुझे बख़्श दो
आज भी पहले ही की तरह तुम्हें अपना भाई मानती हूँ
रख दो त्रिशूल डंडे तलवार भाले
अपनी आँखों से नफ़रत पोंछ दो
वह तुम्हारी रूह को गन्दा किये जा रही है

मेरे अलावा कोई और भी है मेरे भीतर
जिसे अभी यह दुनिया देखनी है
वह भी तुमसे यही कह रहा है
जो और कोई भी नेक इन्सान कहेगा
थूक दो नफ़रत ग़ुस्सा
बाहर निकल आओ इस नयी क्रूरता से।

क़त्ल की रात कल ही गुज़री है

है सुबह की पहली ताज़ी हवा की सुगन्ध
हृदय में अब भी बची
मुस्कान अपने ही उस प्रेम के अहसास में
जिसे भुलाना ज़रूरी हो गया है

दुख बहुत है इस समय में सबके लिए
उम्मीद फिर भी करनी है सुख की
ख़ून के धब्बे दिखते हैं शहर की इमारतों पर
क़त्ल की रात कल ही गुज़री है।

मृत्यु तुम कहाँ रहती हो

जब शाम अपने वस्त्र बदल रही हो
रात झपका रही हो पलकें
मृत्यु तब तुम और कहाँ से झाँक रही होती हो
तुम्हारे बारे में वैसे अभी सोचना नहीं चाहती
उस अज्ञात के बारे में सोचना चाहती हूँ
जीवन सरीखी जो भीतर धँसी रहती है
बाहर-भीतर एक करती हुई
सारे दुखों को

मृत्यु तुम अभी दफ़ा हो जाओ
वैसे वे कौन-सी जगहें हैं
जहाँ तुम होती हो
वहीं जाओ
क्या कहा तुमने
तुम हर सिम्त,
हर जगह हो
हर प्रांत हर काल में
तुम्हें कैसे पहचानूँ तब
क्या तुम कोई बैक्टीरिया या वायरस हो
ट्रक या रेलगाड़ी या फिर हवाई जहाज कोई
या वह बिस्तर हो
जिस पर लोग त्यागते हैं प्राण
वह शून्य जिसमें विलीन होते हैं
प्रिय
कौन हो तुम
वैसे भूख की तरह तुम्हें
बहुतों ने जाना है
क्या तुम भूख हो
मगर कैसी
उदर की या मस्तिष्क की?

क्या तुम प्रेम की भूख हो
इस भूख में किस तरह मारती हो
तुम मनुष्य को?
क्या ऐसी भूख दूसरे जीवों की भी होती है?
शायद तुम जानती हो
मत कहना प्रेमियों से ही पूछो

तुम अपने सायँ-सायँ करते
शून्य को दिखाओ
जिसमें गई वह आठ बरस की बच्ची
जिसे कई लोगों ने मिलकर मारा
बिस्तर में
बेहोशी और नींद में
पवित्र स्थल में

क्या तुम्हें देखा जा सकता है
क्या हमारा आपस में कभी सामना हुआ है
क्या तुम एक स्त्री-सी दिखती हो
चेहरे को ढँके हुए?
इस संसार से वैसे क्या पर्दा है तुम्हारा!

तुम्हारी आँखें मैं देख पाई थी उस दिन
तैरती अनंतता थी वहाँ
अनेक परछाइयों-सा तैरता समय,
जो जितना दिखता था उतना ही नहीं
मैं उसी अव्यबत धुँधलके में हूँ
क्या यहाँ मिलना संभव है
खो गए लोगों से
मारी गई आयशा से
क्या वह वहाँ सुरक्षित है अपनी देह संग?
क्या वहाँ हमारे जन्म
स्मृतियाँ
धोखे में परिणत होते प्रेम
सब सुरक्षित होंगे

हमारे पाप
क्रूरताएँ?
क्या सब तुम्हारे पास हैं तुम्हारी सायँ-सायँ में?

मृत्यु क्या सचमुच तुम कोई नींद हो?
और यह जीवन एक स्वप्न
यह बात मेरी ही कही है मगर अब पुरानी लगती है
क्या तुम पहचानी जाते ही बदल लेती हो अपना ढब
क्या तुम नई होती रहती हो
कुछ कम निश्चित
ज्यादा निष्ठुर अपने कामों में
मेरे पास कब आओगी
क्या तुम पानी का कोई जहाज बनकर आओगी
मुझे अंदेशा रहता है
एक दिन मैं किसी पानी के जहाज पर चढ़ूँगी
और वह ले डूबेगा मुझे
पानी से हमेशा डर लगता है मुझे
नाव पर तो चक्कर भी आते हैं
जल को चीरती जाती नाव की ओर नहीं करती अपनी आँख
मैं आसमान में ताकती रहती हूँ तब तक
जब तक किनारे ना पहुँचूँ
मुझे सबसे अच्छा पैदल चलना लगता है
तुम सायकिल बनकर आना
और मुझे मारती हुई चली जाना
मामूली होगी यह मौत
मुझे भी पता ना चलेगा
मैं एक मामूली मौत ही मरना चाहूँगी
कई तोपों की सलामी
न हो-हल्ला चाहिए होगा मुझे
बस कोई भीड़ न मारे मुझे
जबरन जय श्री राम न कहलवाए
कोई सरकारी अफ़सर गायब न करे मेरी मिट्टी

जाऊँ बिना झंझट के झगड़े के
बिना क्षत-विक्षत हुए
जैसे हवा जाती है एक घाटी से
दूसरी घाटी में
कोई चिड़िया जैसे
एक डाल से दूसरी डाल पर।

अधिनायक तंत्र

अभी तो सारा का सारा ही जल हिल रहा है
अभी समुद्र पूरा का पूरा हिल रहा है
उफनने का स्वाँग नहीं कर रहा,
हिल रहा है
अभी बहुत कुछ होने का अंदेशा हो रहा है
थोड़ी देर में पृथ्वी चौपट हो सकती है
पूरा लोकतंत्र बिखर सकता है
अभी वह भी सोकर जागा है
आलिंगन में उस प्यार को भरने
जिसे वह खो चुका है

अभी सारा का सारा जल हिल रहा है एक साथ
समुद्र जाने कैसा दिख रहा है
अपनी मछलियों को
वह कैसे बचाता है
जब वह इतना हिल रहा है
सोचना बाकी नहीं, ज़रूरी है

यह तो एक घोंघे ने मुझे बताया
मेरे पैरों तले जो दबा था
कि सारा का सारा जल
भीतर से बाहर तक हिल रहा है
कोई देश जैसे हिलता है अधिनायक तंत्र में।

सहमति

खुशी-खुशी चल रहा है सारा अत्याचार
अपने सिर उतार कर पेश कर रहे हैं लोग खुशी-खुशी
अब तो अपना ही जल्लाद है
जैसे है अपना नाई
वकील और डॉक्टर अपना एक
दर्जी भी एक अपना
वैसे ही ख़रीदार है अब सबका अपना-अपना
खरीदता है जो सब कुछ सारी देह, सारा दिमाग
समूचा अंत:करण
सारी सहमति

बेचते हुए कितना हलकापन महसूस होता है
खरीदे जाते हुए कितना संतोष
यह तो बाज़ार ही जानता है अब
या बाज़ार में बिकती चीजें।

संपत्ति यह पृथ्वी

यहाँ तो सब कुछ तुम्हारी संपत्ति है
पूरी पृथ्वी ही है निशाने पर तुम्हारे
तुम्हारी तृष्णा से कुछ भी बचा नहीं रहेगा एक दिन
सब कुछ पर होगा तुम्हारा आधिपत्य
छोटी से छोटी भावना पर निर्मम क्रूर दृष्टि तुम्हारी
जानवरों से लेकर मनुष्यों तक
सब पर अधिकार है वैसे भी तुम्हारा
तुम्हारे बच्चे तुम्हारी संपत्ति हैं
तुम उन्हें किसी और तरह से जानते भी नहीं
पत्नियों के स्वामी तो अनन्तकाल से रहे हो तुम
मगर बच्चे इस धरती के होते हैं जैसे हम तुम स्वयं भी
प्रकृति जिन्हें सींचती है अपनी नम आँखों से
अपनी हवा से बनाती है जिनके मन

अपनी बारिशों से पैदा करती है वासना
जीवन के लिए
अपने हरे लाल-पीले-बैंगनी अनगिनत दूसरे रंगों से
गढ़ती है उनके अपने रंग
और अब तो उसके पास एक दूसरी कल्पना भी है
तुम्हारे स्वामित्व से उबरने की
जैसे है स्त्री की भी एक अपनी कल्पना
जबरन प्रेम और मोह की गिरफ़्त से
छूट कर इस संसार में जीने की

यहाँ सब कुछ तुम्हारी संपत्ति नहीं
कुछ इस तरह सोच कर देखो
कितनी अबाध दिखेगी तुम्हें अपनी ही स्वायत्तता!

अनिद्रा में

कुछ कम उदास करो मुझे मेरे देश
कुछ कम चाहो मुझसे
कितने बदहाल यहाँ के लोग
कितने कम लोगों की ख़ुशी के लिए
फ़ाक़ाज़दा दिन और वैसी ही रातें
कितने थोड़े भरे पेटों के लिए
जंगल के जंगल कारतूस और बंदूकों से लैस अब
रात भर जगे रहते हैं पेड़
कुछ बच नहीं पा रहा
न मर्द, न औरतें, न बच्चे
न रात, न उसका रहस्य

अंधकार प्लास्टिक के फूल-सा मामूली वस्तु भर
स्वप्न बुलेट-सी बिंधी एक आँख
अनिद्रा में तैयार हो रहा है एक
नया देश।

जहाँ मेरा देश था

कुछ दिनों पहले जहाँ एक राह थी
अब वहाँ एक दीवार है
थीं जहाँ हमारी इच्छाएँ वहाँ लालच है सिर्फ़
कामना थी जहाँ लहराती वासना है
जहाँ खुशी थी दुख की गझिन छाया है
जहाँ सारा साहस था वहाँ गज़ब की लाचारी है
जहाँ मेरा देश था अब वहाँ एक बाज़ार है

वहाँ उस पेड़ पर बैठा पखेरू जैसा दिखता है जो
वह असल में कुछ और है
रंगीन आँखों वाली मछली जल में तैरती
दरअसल युद्ध में काम आने वाला एक मारक यंत्र है
पड़ोस में रहने वाले सामान्य से दिखते लोग
ख़तरनाक गुप्तचर हैं हमारा नाम-पता बटोरते
दफ़्तर में कोने में बैठने वाला क्लर्क
करता है आजकल अपनी हैसियत से बड़ा काम
वह दर्ज़ कर रहा है मारे जाने वालों के नाम
मेरा प्रतिनिधित्व करती दिखती सरकार मेरी नहीं
मेरा देश हथिया चुका है कोई और देश

हद है जो कुछ जैसा दिखता है वह वैसा नहीं अब
जहाँ जो कुछ था वहाँ नहीं अब।

अन्त

कर्नाटक के एक अँधेरे गाँव में
जीवन का खेल समाप्त करने की तैयारी
कर रहा है एक किसान परिवार

ज़मीन पर चटाई डाली जा रही है
कटोरे में ज़हर घोला जा रहा है

बच्चों को एक तरफ़ बैठा कर
निहारती है उन्हें एक बार उनकी माँ
देखती है अपना संसार अन्तिम बार
बाँधती है नये सिरे से साड़ी ठीक करती है पल्लू
सामने ही बैठा है शान्त हो चुके तूफ़ान की तरह किसान

सब देखते हैं एक दूसरे को सूनी आँखों से
फिर एक रुलाई फूटती है किसान के गले से
दफ़न होती है जो तुरंत वहीं
एक ख़ालीपन देखता है उनकी तरफ़
वे भी देखते हैं उसको
किसी में किसी के लिए ख़ौफ़ नहीं

एक शान्ति छा जाती है फिर हर तरफ़
सिर्फ़ देह तड़पती है कुछ देर तक

रजनी तिलक

दलित स्त्रीवादी लेखिका और कार्यकर्ता रजनी तिलक का जन्म 27 मई, 1958 को दिल्ली में हुआ। वे बामसेफ, दलित पैंथर, अखिल भारतीय आँगनबाड़ी वर्कर एंड हेल्पर यूनियन, आह्वान थियेटर, नेशनल फेडरेशन फॉर दलित वीमेन, नेकडोर, वर्ल्ड डिगनिटी फोरम, दलित लेखक संघ और राष्ट्रीय दलित महिला आन्दोलन से जुड़ी रही। सेंटर फॉर अल्टरनेटिव दलित मीडिया (सीएडीएएम) की कार्यकारी निदेशक भी रहीं।

उनकी प्रमुख कृतियाँ हैं—'पदचाप', 'हवा-सी बेचैन युवतियाँ', 'दलित-निर्वाचित कविताएँ' (कविता-संग्रह) 'बेस्ट ऑफ करवा चौथ' (कहानी-संग्रह), 'अपनी ज़मीं, अपना आसमाँ' (आत्मकथा)।

निधन : 30 मार्च, 2018

प्रतिरोध की कविता की आठवीं कवयित्री रजनी तिलक हैं। इनके बारे में सहजता से कह सकते हैं कि हिन्दी की ये वैसी समर्थ दलित स्त्री कवयित्री हैं जिन्हें हिन्दी साहित्य में पहली बार ठीक से पढ़ा गया, यानी दलित स्त्रीवादी कविता को इन्होंने एक सशक्त पहचान दी। इनकी कविताओं में जीवन के कटु अनुभव तो आते ही हैं, लेकिन प्रतिरोध और उम्मीद लगातार अभिव्यक्त होते जाते हैं। इनकी कविता 'औरत-औरत में अंतर है', एक ऐसी कविता है जिसने स्त्रीवादी चेतना में फ़र्क़ पैदा किया, और सबको सजग ढंग से सोचने के लिए प्रेरित किया।

—सम्पादक

प्यार

सोचा था
प्यार की दुनिया
बड़ी हसीन होगी
'उसके' साथ ज़िंदगी
रंगीन होगी
पाया एक अनुभव
प्यार एक पदार्थ
थकावट भरी नींद
विवाह की कल्पना थी
मृदुल शांत
प्यार की छत
अहसासों की दीवारें
परंतु वह निकली
एक रसोई और बिस्तर
और आकाओं का हुक़्म।

वजूद है

आज जब अख़बार देते हैं ख़बरें
हमारी अस्मिता लुट जाने की
बर्बरता और घिनौनी चश्मदीद
घटनाओं की
ख़ून खौल क्यूँ नहीं उठता हमारा?
सफ़ेदपोशी में ढँकते-ढाँपते
हम मुर्दा ही हो चले हैं

ख़ाक होना है एक दिन सबको
फिर आज ही लड़कर
ख़ाक क्यों नहीं होते?
जानते हो न?
एक ज़माने में अख़बारों में
हमारी परछाइयाँ भी वर्जित थीं
अभिव्यक्ति पर पाबंदी थी
अशिक्षा-अंधकार नियति थी
तब मुर्दों से अछूतों में
स्वाभिमान की चिंगारी
फूटती थी

चिथड़ों से लिपटे कंकालों ने
तुम्हारे-हमारे लिए दो गज़ ज़मीन
स्वाभिमान और आज़ादी
की जंग जीती थी
चिथड़ों में लिपटे इनसान आज भी हैं
उनकी भूख और बूढ़ी आँखें देख
मुँह फेर कर चल सकते हो
परन्तु यह हमारा अतीत है
हमारी सफ़ेदपोशी
उनके संघर्षों का वजूद है

अर्धांगिनी नहीं पूरा शरीर हूँ

वो गृहिणी घर की स्वामिनी
पति की अर्धांगिनी!
सुबह सवेरे सबके उठने से पहले
नित्य अपने काम में लग जाती
झाड़ू पोंछा, खाना-पकाना
बर्तन मांजना, कपड़े धोना
क्या यह तो 'अहोभाग्य' उसका!

घर भर को नाश्ता कराना
साथ में लंच डिब्बा पकड़ाना
टाई, बनियान, रूमाल, जुराबें थमाना
रसोई से बाथरूम, बाथरूम से ड्राइंगरूम
चक्कर पे चक्कर फिरकी-सी ज़िंदगी
क्यूँ उसका भार बन गया है?

थकी हारी गृहिणी थककर
दो कौर खाती
उसके श्रम का मूल्य एक कटाक्ष
'घर का काम भी कोई काम है
यह तो औरत का धर्म है'

गृहिणी घर की स्वामिनी
अर्धांगिनी नहीं, पूरी है
जीती जागती पूरा शरीर
जिसका अपना मस्तिष्क है
दो हाथ दो पाँव
और
दुनिया पलट देने का
संपूर्ण साहस भी!

शिक्षा का परचम

तू पढ़ महाभारत
न बन कुंती, न द्रोपदी
पढ़ रामायण
न बन सीता, न कैकेयी
पढ़ मनुस्मृति
उलट महाभारत, पलट रामायण
पढ़ कानून
मिटा तिमिर, लगा हलकार

पढ़ समाजशास्त्र, बन सावित्री
फहरा शिक्षा का परचम।

नाचीज़

औरत होने की वज़ह से
बहुत कुछ झेलना पड़ता है
रात को दिन, दिन को रात
सूरज को चाँद कहना पड़ता है
औरत जो ख़ुद को इनसान समझे
तो दुनिया ख़िलाफ़ हो जाती है
समाज तूफ़ान ले आता है
परिवार सहम जाता है

औरत तूफ़ान पर चलती है
घृणा की ओढ़नी ओढ़ती है
क्या फ़र्क़ पड़ता है
कोख में जीवन रखती है
औरत जो नाचीज़ होती है।

औरत-औरत में अंतर है

औरत औरत होती है
उसका न कोई धर्म
न कोई जात होती है
वह सुबह से शाम खटती है
घर में मर्द से पिटती है
सड़क पर शोहदों से छिड़ती है

औरत एक बिरादरी है
वह स्वयं सर्वहारी है
स्त्री वर्ग-लिंग के कारण
दबाई और सताई जाती है
एक-सी प्रसव पीड़ा झेलती है
उनके हृदय में एक-सा वात्सल्य
ममता-स्रोत फूटते हैं
औरत तो औरत है
सबके सुख-दुःख एक हैं

औरत औरत होने में
जुदा-जुदा फ़र्क़ नहीं क्या?
एक भंगी तो दूसरी बामणी
एक डोम तो दूसरी ठकुरानी
दोनों सुबह से शाम खटती हैं
बेशक, एक दिन भर खेत में
दूसरी घर की चहारदीवारी में
शाम को एक सोती है बिस्तर पे
तो दूसरी काँटों पर
छेड़ी जाती हैं दोनों ही बेशक
एक कार में, सिनेमा हॉल और सड़कों पर
दूसरी खेतों, मोहल्लों में, खदानों में
सब सर्वहारा हैं संस्कृति में
एक सताई जाती है स्त्री होने के कारण,
दूसरी सताई जाती है स्त्री और दलित होने पर
एक तड़पती है सम्मान के लिए
दूसरी तिरस्कृत है भूख और अपमान से
प्रसव-पीड़ा झेलते फिर भी एक-सी
जन्मती है एक नाले के किनारे
दूसरी अस्पताल में
एक पायलट है
तो दूसरी शिक्षा से वंचित है

एक सत्ताहीन है
दूसरी निर्वस्त्र घुमाई जाती है

औरत नहीं मात्र एक जज़्बात
हर समाज का हिस्सा
बँटी वह भी जातियों में
धर्म की अनुयायी है
औरत, औरत में भी अंतर है।

योनि है क्या औरत

हर स्त्री मर्द के लिए
एक योनि
एक जोड़ी स्तन
लरजते होंठ है!

बहनापे वाली बहनों ने
मर्दों को धिक्कारा
उन्हें चेताया और कहा
योनि! स्तन! होंठ...
सब हमारे व्यक्तिगत हैं!
हमारा शरीर हमारा है
हमारी भावनाएँ
हमारी आजादी, इच्छाएँ
पतंग-सी उड़ती महत्त्वाकांक्षाएँ
सब हमारी
हम सपनों के महल की तारिकाएँ हैं!

कल तक हमने भी बहनापे के राग अलापे
हाँ, 'जागो री' 'सहेली' 'निरंतर'
फ़ोरम की सहेलियों के साथ
हमारे जज़्बात

सब साँझे थे
परंतु आज शरीर और मन से आज़ाद
तुम
तुम्हारा सुंदर संसार
हम कहाँ हैं इस दुनिया में?

भारत के नक्शे पर भिनभिनाती
मक्खियों-सी
हुनर नहीं, शिक्षा नहीं
रोज़गार नहीं
रहने को आवास नहीं
रात को अँधेरे में
डूबी हुई आँखें हैं
निराशा में डूबे माँ-बाप
सुबह सवेरे दूधमुँहों को
भेजते हैं सड़कों पर
बटोरती है
लोहा रद्दी कूड़ा
बुहारती
सड़क गली चौबारा!

तुमने हमसे कहा
क्या हुआ अगर
तुम्हारे पास दक्षता नहीं
शिक्षा नहीं, पैसे की विरासत नहीं
अस्तित्व नहीं, अभिजात नहीं
वर्णसंकर देवदासी हो
कोल्हाटी की बार गर्ल
या नौटंकी की बेड़नी
एक योनि तुम्हारी भी है
तुम इसे जमीं बना लो
'सेक्स वर्क' का बीज जमा दो
पीढ़ी दर पीढ़ी तर जाओगी

हम बहनें तुम्हारी
तुम्हारे लिए लड़ जाएँगी
पुलिस, कानून, पार्लियामेंट
से भिड़ जाएँगी
'सेक्स वर्क' को इज्ज़त दिलाएँगी हम
संसद पहुँच कानून बनाएँगी
पूछती हूँ तुमसे मैं
एक योनि सवर्ण बहिना की
उन्हें अपनी योनि पर
ख़ुद का नियंत्रण चाहिए
तब दलित स्त्री की आबरू पर
बाजारू नियंत्रण क्यों?
धन्य हो...आपके बहनापे का
आप जैसी जिनकी मुक्तिदात्री हों
उनकी मुक्ति क्या?
गुलामी क्या?

वेश्या

चले आइए
धीरे से दरवाजा उढकाकर
मैं दुःख बाँटती हूँ
जी हाँ,
मैं दुःख बाँटती हूँ
तुम्हारी मुस्कराहट के लिए
अपनी खुशी बेचती हूँ

तन्हाई!
मेरी क्या तन्हाई
मैं तो सिर्फ़ तुम्हारे लिए
तुम्हारी तन्हाई के लिए जीती हूँ

चले आइए, बेझिझक
देहरी लाँघकर
इस जालिम पेट के लिए
अपना रूप, अपना स्वाभिमान
अपनी अस्मत बेचती हूँ!

बुद्ध चाहिए, युद्ध नहीं

क्यों खड़ी की तुमने
बारूद के ढेर पर हमारी दुनिया
मुझे जीवन की आस है
मैं सावन को आँखों में भरकर
बहारों में झूलना चाहती हूँ

शांति, ज्ञान, करुणा मेरा गहना
युद्ध, क्रूरता, तृष्णा तुम्हारा हथियार
हिरोशिमा की तड़प मैं भूलना चाहती हूँ
तुमने यह मृत्यु बीज
परमाणु युद्ध क्यों बोया?
यह घृणा-मृत्यु का वटवृक्ष
पल में लाखों को भी लेगा,
बुद्ध के देश में
पंचशील, संकल्प टूट जाएगा

मैं जीवन को हथेलियों में
दुलारना चाहती हूँ
मैं अपने बच्चों को
इंसान बनाना चाहती हूँ
उस देश में भी मेरी सीमाएँ
अपने बच्चों पर अरमान सजाती होंगी
वह भी उन्हें 'कुछ' बनाने की
ललक लिये दुलारती होंगी

हिरोशिमा की माँओं की सिसक
अभी बाक़ी है
ये जंग की तलवार
हमारे सिर से हटा दो
बारूद के ढेर पर
क्यों खड़ी हो हमारी दुनिया?

हम जंग नहीं चाहते
जीना चाहते हैं
हम विनाश नहीं सृजन चाहते हैं
हम युद्ध नहीं
बुद्ध चाहते हैं।

जीवन बदलेगा अवश्य

दूसरे की रात
अपने जीवन का
सपना न बनाओ
उन्हें न सजाओ
अपनी आँखों में

वीरानी रात
कभी सुख न देगी
अपना जीवन अपना
गाओ, नाचो, ख़ुशी मनाओ
जीवन को आज़ाद होने दो
सूरज निकलेगा अवश्य
जीवन बदलेगा अवश्य।

निवेदिता झा

सामाजिक कार्यकर्ता-कवि निवेदिता झा ने लंबे समय तक सामाजिक पत्रकारिता भी की है। 'नवभारत टाइम्स' से पत्रकारिता की शुरुआत की और लगभग सभी राष्ट्रीय अख़बारों में काम किया।

'मुजफ़्फरपुर शेल्टर होम' मामले में उन्होंने अदालत से लेकर सड़कों तक लंबी लड़ाई लड़ी। सुप्रीम कोर्ट में याचिका दायर की। अपराधियों को उसी आधार पर सज़ा हुई।

उनकी प्रमुख पुस्तकें हैं— 'ज़ख्म जितने थे', 'प्रेम में डर' (कविता-संग्रह); 'अन्न के बसंत' (कहानी-संग्रह); 'पटना डायरी'(संस्मरण)।

उन्हें श्रेष्ठ हिन्दी पत्रकारिता के लिए 'लाडली मीडिया अवार्ड' मिल चुका है।

हमारी नौवीं कवि निवेदिता हैं। इनकी कविताओं में दुख के अनेक विवरण हैं जो कविता को संबल देते हैं। हमारे सामाजिक और राजनीतिक जीवन में व्याप्त असमानता की विद्रूपता को ये कविताएँ मार्मिक ढंग से अभिव्यक्त करती हैं। जो उजागर होता है वह हमारे मन के अंधकार को लक्ष्य करता है। इनको पढ़ते हुए कितनी ही और महान कविताओं की याद हमें घेरने लगती है। प्रतिरोध करने से आख़िर सबकुछ बदलता है, ऐसा ही इनका मानना है।

—सम्पादक

ये कविता कई दिनों से मेरे भीतर थी

आज चुपचाप बाहर आ गई
एक दिन सारी स्त्रियाँ डाल दी गई कुएँ में
कुआँ में पानी गहरा था
अँधेरा था घना
उनके साथ दूधमुँहे बच्चियाँ थीं
उन्हें जीना था
ज़िंदगी के जंग से लड़ना था
वे निहत्थी औरतें तैर रही थीं गहरे-गहरे
वे तैरते हुए सूरज को देख रही थीं
सामने झिलमिल आकाश था
एक पेड़ झुका था कुएँ पर
माँ ने बच्चियों को तैरना सिखाया
वे तैरते हुए रात के अँधेरे में पेड़ की शाखों पर झूम रही थीं
गा रही थीं

दूर उस देश में उन्होंने सुना संगीत
वे देख रहे थे गाती बच्चियों को
तैरती बच्चियों को
वे बड़े लोग थे
सत्ता और बंदूक की नोंक पर वे देश चला रहे थे
ख़ुदा को बंदूकों में कैद रखा था
उस दूर देश में कोई स्त्री गा नहीं सकती थी
अलिफ, बे, से नाता नहीं रख सकती थी
वे डरते थे
ये निहत्थी औरतें कहीं मुहब्बत से दुनिया जीत न लें

कहीं ज्ञान उनके जीवन को मुक्ति का रास्ता ना बता दे
कहीं संगीत का झरना ख़ुदा को ज़मीन पर आने को मजबूर न कर दे

उन्होंने कुएँ में बहुत सारे बिच्छू डाल दिए
कुएँ तक झूलती शाखों को काट दिया
पहरे बिठा दिए
अँधेरा और घना हुआ
बिच्छुओं के डंक से देह लहूलुहान हुआ
पहरेदार थक गए पहरा देते हुए
नींद में चले गए
बच्चियाँ सूरज की रौशनी पकड़ कुएँ से बाहर निकलीं
फिर वे गाने लगीं
खिलखिलाने लगीं
उन्होंने ज़ोर से पढ़ा
'अ' से अलिफ
दुनिया की सारी आवाज़ उनमें समा गई
अब सब कह रहे हैं
'अ' से अलिफ़!
'अ' से अमन!

लक्ष्मी की पुकार

मैं थक गई हूँ
सदियों से तुम्हारी सेवा करते हुए देव
हे विष्णु,
हे जगत के पालनहार!
मेरा सुख तुम्हारे पाँव तले कभी नहीं था
मैं चाहती हूँ
तुम्हारे साथ जीना
ये आकाश,
ये हवा
और रात के सितारे

मेरे प्राणों में बाँसुरी-सी बजती है
ओ विष्णु
वसंत में आम्रकुंज से आती सुगंध
मुझे खुशी से पागल करती है
आषाढ़ में पूरी तरह से फूले धान के खेत में
तुम्हारे साथ नंगे पाँव भागना चाहती हूँ
नहीं चाहती तुम किसी सामंत की तरह शेषनाग पर विश्राम करो
और मैं तुम्हारे पाँव के पास बैठी रहूँ
मैं महालक्ष्मी हूँ तुम्हारी
हम क्षीर सागर में साथ-साथ उतरे थे
ये संसार हमने साथ रचा
साथ-साथ देखे मुक्ति के स्वप्न
देव ये विधि का विधान नहीं है
स्त्रियाँ पुरुषों के पाँव तले रहें
हे देव! मैं एक साधारण स्त्री की तरह जीना चाहती हूँ
चाहती हूँ संसार के रस में हम साथ भीगे
मैं चूल्हा जलाऊँ तुम आटा गूँथ दो
तुम खेत में हल चलाओ
मैं बीज बो दूँ

हम खुले आकाश के नीचे पड़े रहें
समुद्र के गहरे जल में उतर जाएँ
मैं चाहती हूँ शेषनाग करवट लें
और जल, थल सब डोल जाए
तुम सारे दिन विश्राम मत करो देव,
संसार को देखो
सुख-दुख के भागीदार बनो
आज खिलने दो हृदय-कमल को
भूलो की तुम देव हो

मेरे मन में बसो
प्रेमी की तरह

आओ प्राणों में
आओ गंधों में
आओ अंगों में
आओ इन दोनों नयनों में।

मजदूरों के नाम

मज़दूर
बारिश की तरह है
झमाझम बरसते हैं खदानों में, खेतों में
बाढ़ की तरह बहा ले जाता है मालिक

मज़दूर
रोटी में बसे रहते हैं
मज़दूर
इस तपती धूप में
भूखे प्यासे
मीलों चल रहे हैं
कोई तो आंगन है जिसने पुकारा
मज़दूर
पीठ पर गट्ठर लादे

चला जा रहा है
तानाशाह
हवाई जहाज से उड़ रहा है
मज़दूर
सड़कों पर मर गए
रेल पटरियों पर बिछ गए
वे वैसे ही बिछड़ गए
जैसे पक्षी छोड़ते हैं घोंसले
घोंसले में अपनी परछाइयाँ
जहाँ हवा उगती है

जहाँ निर्झर बादल धड़कते हैं
गहरे नीचे घास की परत के नीचे
नन्हीं कोमल जड़ें हैं,
वहीं तो है प्यार
जहाँ मज़दूर बसते हैं
ये दुनिया जो उन्होंने बनाई
ये दुनिया उनकी नहीं है
वे मज़दूर हैं

मजदूरों
की आँखों में
गाँव, घर बसते हैं
बसते हैं खेत, खलिहान
मजदूरों के सपने जीवित हैं
सपनों में ही वे चल रहे हैं
इस तपती धरती पर
मज़दूर
देशभक्त नहीं है पर
प्रेम करता है देश से
मज़दूर सरहद के पार जाता है
उसके साथ कोई सेना नहीं, कोई हथियार नहीं
मज़दूर दो देशों के बीच धड़कता है
और मेहनत की रोटी के लिए किसी भी देश में पनाह लेता है

मज़दूर
घर के लिए लौटता है
घर नहीं पहुँच पाता
मज़दूर देशभक्त नहीं
पर देश के लिए मर जाता है।

अँधेरे समय की कविता

मैं लिखना चाहती हूँ ताकि इतिहास में ये दर्ज़ रहे
की हम तानाशाह के आगे हारे नहीं थे
जब झूठ रचे जा रहे थे और सारे दानिशमंद पर पहरे बिठाए गए थे
तब भी रौशनाई सूखी नहीं थी
न्यायाधीश जब ज़िरह कर रहे थे ठीक उसी समय सारे गवाह ख़रीद लिये गए
हवा जो हँसती थी उसे क़ैद कर लिया गया
सूरज को उगने से रोक दिया गया
नील विस्तीर्ण आकाश के आलोक मंडल में
अपने पंख फैलाए उड़ रहे पक्षियों पर निशाना साधा गया
जिन स्त्रियों की बलात्कार के बाद हत्या हुई
उनकी मेडिकल रिपोर्ट में कहा गया कि वो
एक अदृश्य मौत से मरी
दुनिया के स्कूल में सारे छात्र गूंगे करार दिए गए
उन्होंने अपनी प्रेमिकाओं के नाम नहीं पुकारे
नहीं देखा गुलाब को खिलते हुए
धूप को पहाड़ों की पीठ पर चढ़ते हुए
झींगुरों और टिटहरियों की तान सुनते हुए वे बड़े नहीं हुए
घृणा का खारा जल लिये वे
शहरों को लड़ते हुए देखते रहे
नफ़रत को बिकते हुए

वे नहीं सुन रहे थे एक-दूसरे को
उनकी आँखों ने भीड़ में चेहरे पहचानना बंद कर दिया था
औरतों, बच्चों से ताजादम बस्तियाँ
मेहनत से फसल उगाते किसान
झूल गए रस्सियों पर
जिन्होंने ये बयाँ दर्ज़ किया
वे सब कालकोठरी में ठूँस दिए गए
वहाँ से भी कविताएँ फूट पड़ी हैं
स्याही फैल गई है
एक इतिहास रचा जा रहा है।

इस कविता को कोई नाम ना दो

दुनिया की कोई किताब नहीं जो तुम्हारे दुखों को समेट सके
कोई ग्रंथ नहीं
कोई ईश्वर नहीं
जो तुम्हें भरोसा दे
सिर्फ़ सड़के हैं गवाह
तुम्हारे पैरों के धूल से लिपटे
ख़ून से भीगे
उन पथरीले रास्ते पर कोई नदी भी नहीं बहती
जहाँ तुम अपने जख़्मी पैरों के लहू धो सको
कोई शहर नहीं बचा जहाँ तुम्हारे क़दमों के निशान नहीं हैं

मुझे ईश्वर के पाँव नहीं दिखते
तुम्हारे पाँव दिखते हैं
जैसे तुम पृथ्वी को नाप रहे हो
ईश्वर ने चार डग से पूरा ब्रह्मांड नापा था
तुम्हारे पाँव धरती से आकाश की तरफ़
पूरा आकाश तुम्हारे लहू से लाल है
तुम इस्पात पर चले
लोहे, पत्थर, गारे, मिट्टी
धूल के कण तुम्हारे फेफड़े में रचे बसे हैं
घर पहुँचने और अपनी मिट्टी में साँस लेने
के ख़्वाब के साथ
तुम सो गए
ट्रेन की पटरियों पर
पटरी पर नींद उतर आई
जैसे
चाँद उग आया था
पत्तियों से फिसलता हुआ तुम्हारे सिरहाने पड़ा था
अँधेरे में गुम शाख़ों से फूल झर रहे थे
कि अचानक
ख़ून से भर गई पृथ्वी

तानाशाह को नहीं पता
इतिहास लहू से लिखे जाएँगे
अनगिनत मौत का हिसाब होगा
ख़्वाबों की बावड़ी से उठती हुई आग की लपट में
जलेगा सबकुछ निर्मम सत्ता के विरुद्ध

फिर उठ खड़े हुए हैं वे अपने दुखों को लाँघते हुए
भेद रहे हैं अँधेरे को
फूलों से पटा है मैदान
ऊपर उठ रहे हैं
ऊपर उठ रहे हैं वो
ज़मीन की सतह से
सैकड़ों मीनारों जितनी ऊँचाई तय कर
अपनी धरती से लिपट रो रहे हैं

तानाशाह अंतरिक्ष में चकरघिन्नी की तरह घूम रहा है
चमकीले ख़्वाब बुन रहा है
उसके हाथ मजदूरों की गर्दन पर हैं
उसके नोकीले दाँत ख़ून से भीगे हुए हैं
फ़रिश्ते जैसे चेहरे वाली माँ
अपनी गुलाबी गालों वाली बच्ची को पीठ पर उठाए भाग रही है
माप रही है पृथ्वी।

मुखौटे

सफेद झक-झक लंबी दाढ़ी थी बाबा की
अक्सर रात में चाँद उस दाढ़ी में लटका मिलता
बच्चे उमच-उमच कर खेलते
बाबा की श्वेत दाढ़ी से कविता के फूल झरते
संगीत की ताल पर पगला हवा नाचती
बाबा गुनगुनाते

समुद्र की लहरें काँपती
लहरों पर
नृत्य करती फेनराशि अनन्त
रहस्यों के साथ
झिलमिलाती

बाबा की दाढ़ी में गिलहरिया नींद लेती
और भोर के तारे ऊँघते हुए विदा होते
बाबा गुनगुनते
देखा है मैंने, तुम्हें देखा, शरत प्रात में, माधवी रात में
खींची है हृदय में मैंने रेखा, विदेशिनी!

बच्चे हँसते
उनकी गोद में सो जाते
एक रात उनकी दाढ़ी में अचानक ख़ूब सारे कील उग आए
बच्चे लहूलुहान थे
गिलहरी मरी पड़ी थी
चाँद बुझ गया था
तारे आख़री बार दिखे थे चमकते हुए
उस रात बच्चे डर गए
बाबा के चेहरे का रंग बदलने लगा
उनकी आँखों में रक्त के धब्बे थे
और दाँत में मांस के रेशे फँसे हुए थे
बच्चों ने देखा ये दाढ़ी वाला आदमी
उनके बाबा नहीं हैं
बाबा अनंत आकाश के पालने में सोए हैं
और कोई मुखौटा बदल गया है चेहरे में

चाँद मरा पड़ा है उसके सिरहाने
गिलहरी के ख़ून के धब्बे फैले हैं उसकी हथेलियों पर
सफ़ेद दाढ़ी बढ़ रही है बड़े-बड़े नुकीले नाख़ून की तरह
रक्त की बूँद धरती में घुल रही हैं
वो मुखौटा गा रहा है
आमी चीनी गो चीनी गो विदेशिनी...

मृत्यु

अगर तुम्हें आना हो तो आना
भोर के तारों के साथ
आना साँझ के उजाले में
झरते हुए फूलों के साथ

मुझे बेला के फूल बेहद पसंद हैं
अगर तुम आ रहे हो तो देखना
मेरी सेज पर बेला के फूल हों
और पाब्लो नेरुदा की प्रेम कविता

मुझे याद करने के लिए
पढ़ना पाश की कविता
और किसी भी नदी को याद कर लेना
प्रवाहित कर देना मुझे

अगर तुम्हें आना हो
तो पूरी धरती के हरेपन के साथ आना
जहाँ बाँसुरी की धुन पर
मेरे गीत थिरक रहे हों
और मृत्यु गान
गाते हुए मेरी आँखें प्रेम में डूबी हों

मैं रहूँ अपने प्रिय के पास
उसकी आवाज़, उसकी त्वचा, उसकी आँखें
और मोतियाँ बिखेरती हँसी से मैं भीगती रहूँ
रात के अँधेरे में या दिन के उजाले में जब भी आना
ख़ुशबू से भीगे
सितारों के दीप्त पैरों के साथ
बसंत-सी पारदर्शी मेरी देह तुम्हारे लिए
मृत्यु!

मेरा ईश्वर

प्रार्थना के बाहर मिलता है
दुख के भीतर मिलता है
सुख के दिनों में कोने में पड़ा रहता है
मुझ से पूछता है क्या मेरा होना ज़रूरी है?
मैं हँसता हूँ
तुम ईश्वर हो
सर्वशक्तिमान!

तुम्हारे इशारे पर दुनिया चलती है
पत्ता भी नहीं हिलता तुम्हारे बिना
ये सवाल तो मुझे करना चाहिए
वो खूब हँसता है, ठहाका मारता है
तुमने मुझे गढ़ा है
और ख़ुद तुम सवाल करते हो
तुम्हें ख़ुद पर यक़ीन नहीं
इसलिए मुझ पर यकीन करते हो

मैं हृदय सुरंग से गुज़रता हुआ
तुम्हारी त्वचा और आत्मा के भीतर बसता हूँ
हवा से हवा तक
वायुमंडल के बीच
बसंत और गेहूँ की बालियों के बीच
गहनतम निर्जनता में मैं बसता हूँ
पृथ्वी की गहराइयों से मुझे देखो
हलवाहे, जुलाहे, चरवाहे, लोहार के बीच बसता हूँ
संपूर्ण पृथ्वी ने मुझे गढ़ा है
वह रहस्य नहीं है
जीवन है
पर तुम जीवन को जानना नहीं चाहते

तुम ज्ञान पर कब्जा जमाए हुए हो

दुनिया की संपदा लूट रहे हो
उस लूट को सँजोने के लिए तुम्हें ईश्वर की ज़रूरत है
तुम भय से लोभ से मुझे पैदा करते हो
मैं प्यार करता हूँ उसे जो मुझ पर संदेह करते हैं
मैं हर देश, हर जगह से आया हूँ
काँपती पृथ्वी
जो मेरी माँ के गर्भ से जन्मी है
मैं उसके भीतर हूँ
यायावर की तरह चलता हूँ
मंदिरों, मस्जिदों के क़ैदख़ाने से मुक्त
वनों की दुनिया रहता हूँ
मेरी सत्ता तुम स्थापित करते हो
मुझे भय लगता है

मेरा चेहरा रक्त से भीगा हुआ है
मैं तुम्हारी क़ैद से मुक्ति चाहता हूँ
मैं उन औरतों के बीच रहना चाहता हूँ
जो मुझ में अपने को ढूँढ़ती हैं
मैं हूँ प्रकृति के भीतर
पृथ्वी जीवित है मेरे भीतर
एक नदी गाती हुई प्रवेश करती है
मैं सुनहरे गिरजाघर से निकलकर
बसंत के भीतर जाता हूँ
मैं तुमसे तुम्हारी प्रार्थना के बाहर मिलना चाहता हूँ
मनुष्य की तरह।

संताप

मुझे माफ़ करना मेरी बच्चियाँ
उन तमाम लहूलुहान रातों के लिए
उस भय के लिए जो तुम्हारी देह में उतरा

उस अंतहीन दुख के लिए
हर ज़ख़्म के लिए जो तुम्हारे मन में बोए गए

मुझे माफ़ करना
मैंने नहीं सिखाया अपने बेटों को
कैसे किसी स्त्री से प्यार किया जाता है
कैसे उसके दिल में उतरना होता है
कैसे दुख में कोई हाथ शीतल होते हैं
मैं उसे बता नहीं पाई एक स्त्री को पाने के लिए
कितने जतन की ज़रूरत है

एक स्त्री को पाना हिंसा से मुक्ति का रास्ता है
एक स्त्री को पाना लहरों के साथ-साथ बहना है
और कई बार उसके आने की आवाज़ आती है
हवा उसके स्पंदनों से भरी होती है
उसके स्पर्श उड़ते हुए आते हैं
अँधेरे में खिले हुए फूल की तरह
वे अभागे हैं जो किसी स्त्री के मन के भीतर बस नहीं पाए
जो कभी जान नहीं पाए प्यार होने का मतलब क्या है
कैसे प्रतीक्षा करनी होती है
जब तक उसके मन के द्वार खुले नहीं

मुझे माफ़ करना मेरी बच्चियो
मैं नहीं बता पाई
मनुष्य होना क्या होता है।

कविता

हम फिर से जी उठेंगे
भर लेंगे फेफड़े में पूरी हवा
रगों में फिर बहेगी जिंदगी
फिर खिलेंगे मोगरे के फूल

और चाँद उतर आएगा मेरे सिराहने
प्रेम में डूबे उन तमाम रातों को बुलाएँगे पास
तुम पढ़ना पाब्लो नेरुदा की कविता
और हम कविता के साथ तुम्हारे भीतर पड़े रहेंगे

तारे अनगिनत झिलमिलाएँगे
नदी हँसेगी
बह जाएँगे हमारे सारे दुख
जो बचे रहेंगे
वे हमारी-तुम्हारी हँसी में घुलकर नए रंग में ढल जाएँगे।

अनीता भारती

चर्चित कथाकार, आलोचक और कवि अनीता भारती दलित स्त्री के प्रश्नों पर लेखन में निरंतर सक्रिय हैं। वे सामाजिक कार्यकर्ता के तौर पर भी प्रसिद्ध हैं।

उनकी प्रमुख कृतियाँ है—'समकालीन नारीवाद और दलित स्त्री का प्रतिरोध' (आलोचना); 'एक थी कोटेवाली' (कहानी-संग्रह); 'एक क़दम मेरा भी', 'रुख़साना का घर' (कविता-संग्रह); 'यथास्थिति से टकराते हुए दलित स्त्री जीवन से जुड़ी कहानियाँ', 'दलित स्त्री के जीवन से जुड़ी आलोचना', 'सावित्रीबाई फुले की कविताएँ' (संपादन)।

वे 'राधाकृष्णन शिक्षक पुरस्कार', 'इंदिरा गांधी शिक्षक सम्मान', 'दिल्ली राज्य शिक्षक सम्मान', 'बिरसा मुंडा सम्मान', समेत कई पुरस्कारों व सम्मानों से सम्मानित हैं।

'युद्धरत आम आदमी' के विशेषांक 'स्त्री नैतिकता का तालिबानीकरण' की अतिथि संपादक और कुछ समय तक 'अपेक्षा' पत्रिका की उप-सम्पादक रही हैं।

फिलहाल दिल्ली सरकार के सीनियर सेकेंडरी स्कूल, जहाँगीरपुरी में कार्यरत हैं।

'प्रतिरोध का स्त्री-स्वर संग्रह की दसवीं कवयित्री अनिता भारती हैं। इनकी कविताओं में हमारे समाज में व्याप्त क्रूरता और अमानवीयता की स्पष्ट छवियाँ चित्रित हैं। अपनी कविताओं में ये कोशिश करती हैं कि सच और झूठ का चेहरा दिखाया जा सके। शब्दों और लोकतांत्रिक मूल्यों का इस्तेमाल किस तरह सवर्ण सत्ताएँ करती हैं इसे देखने की सजगता भी इनकी कविताओं में हैं। हिन्दी भाषा में प्रचलित मुहावरे को पलटकर नए मुहावरें भी इनकी कविताएँ गढ़ती हैं। 'एक चना भाड़ नहीं फोड़ता है' को किस बौद्धिक सजगता से उन्होंने उलटकर कहा है कि 'एक अंबेडकर क्या कुछ नहीं करता'!

—सम्पादक

शब्द शीशे हैं

बहुत अच्छी तरह
आता है तुम्हें
शब्दजाल से खेलना
शब्दों से खेलते-खेलते
दूसरों को जाल में उलझा देना
लाते हो शब्द में धर्म
और धर्म में खोजते हो शब्द
बनाते हो शब्दों को
सांप्रदायिक, धर्मनिरपेक्ष
हिंदू, मुसलमान
औरत और मर्द
शब्दों को उनकी औकात से
देते हो वजन, आकार और रौब
शब्द डराते हैं
रुलाते हैं पीड़ा जगाते हैं

फूल से शब्द गुदगुदाते भी हैं
कभी-कभी शब्द
महज़ शब्द नहीं रहते
दर्द की दास्तान बन जाते हैं
मत खेलो शब्दों से
ये शब्द एक शख़्सियत हैं
दुमछल्ले भी हैं
गर्व से ऐंठे हुए भी हैं
भीगी बिल्ली से दुबके हुए भी
ग्लानि की आँच में

सिंके हुए भी
मत करो बदनाम इनको
शब्द तो आख़िर
शब्द है
जो हमारे दिल से निकल
तुम्हारे दिल में
उतर जाते हैं

शब्द, शब्द नहीं,
चमकते शीशे हैं
जिसमें हम रोज़
अपने को चमकाते हैं।

साँपों के बीच

साँप फिर जंगल छोड़
शहर में आ चुके हैं
विभिन्न रूपों में
बस गए है यहाँ-वहाँ
जिस-तिस के अन्दर
अवसरवाद की बारिश में
बिना रीढ़ की हड्डी वाले
यह दोमुँही जीभ लपलपाते
घूम रहे हैं
कह रहे हैं हमें
हम तटस्थ हैं
और और बढ़कर कह रहे है
'हम हर जगह हर अवसर पर
तटस्थ हैं'
क्योंकि उन्हें चलना है दोनों ओर
साधनी है
ज़्यादा से ज़्यादा ज़मीन

जिसमें भरा जा सके
ज़्यादा से ज़्यादा लिज़लिजापन
खामोश,
साँपों की अदालत जारी है
करने वाले हैं वे फैसला
सुना रहे हैं फतवा
ऐसे हँसो, ऐसे बोलो
जैसा कहें वैसा कहो
होनी चाहिए सबमें एकरूपता
मतैक्य
साँचे में ढली
मौन मूर्तियों की तरह
कि जब चाहे उन्हें तोड़ा जा सके
नफ़रत है उन्हें भिन्नता से
नफ़रत है उन्हें असहमति से
एक-एक का स्वर कुचलेंगे वे
जो उन्हें बताएगा
उनकी टेढ़ी फुसफुसी
लपलपाती जीभ का राज़।

अमानवीयता के इस दौर में

यह अमानवीयता का दौर है
मानवीय होने की
कोशिश मत करना
अनैतिकता के खिलाफ़
बोलोगे तो
तो ताक-झाँक करने के आरोप में
सरे राह मार गिरा दिए जाने की
साजिश रची जाएगी
हक़ न्याय के लिए खड़े होने पर
जड़ से नेस्तनाबूद कर दिए जाओगे

क्या अजीब दौर है
कि अमानवीयता का दौर
ख़त्म ही नही होता!
पैसा, प्यार, देह, मद
शक्ति और जनहित का
रात-दिन चल रहा व्यापार है

अहम टकराते हैं जामों की तरह
खुद्दारी टपक पड़ती है
लालची कुत्ते की लार की तरह
आँखों में पावर का नशा
हज़ार वॉल्ट के
सीएफएल बल्ब की तरह
चुभता है
नग्न उद्दीप्त बाँहें तड़पती हैं
सब कुछ कुचलने को

क्या तुम कुचलने को तैयार हो?
अगर नहीं तो तुम्हें
ख़ून के आँसू रुलाए जाएँगे
तुम्हारे मन का जल्लाद
चिल्ला-चिल्लाकर बोलेगा कि तुम
मर चुकी हो, मर चुकी हो तुम...
क्या तुम सचमुच मर चुकी हो?
क्या तुम वाकई मर जाओगी?
दरअसल वे तुम्हें मारते-मारते
इंसान से आँसुओं की लाश में
बदल देना चाहते हैं
क्या तुम आँसुओं की लाश में
बदलने को तैयार हो?

पीठ में ख़ंजर घुसेड़कर
मारे गए अंबेडकर, बुद्ध
और कार्ल मार्क्स को

तुम्हारे ऊपर कफ़न की तरह ओढ़ाकर
तुम्हें शांत करना चाहते हैं
अदालत में फैसले
खटाखट हो रहे हैं
रुपया नंगा खड़ा हो
लोकतंत्री ताल पर नाच रहा है
रिश्तों, सरोकारों की बदनुमाइश में
वह जीत रहा है
और ख़ालिस इनसान मर रहा है
बोलो, तुम्हारी तड़प की
कीमत क्या है?
लड़ो-लड़ो, नहीं मरो-मरो
का गान चल रहा है
जीवन का मधुर गान!
बंदूक की कर्कश धाँय-धाँय सुना रहा है
चलो, चलो जल्दी चलो
चलो, चलो कि जल्दी लड़ो
कि अब मत कहो कि
यह अमानवीयता का दौर है

मानवीयता की बात मत करो।

अपराधों का जश्न

रात नहीं पर दिन के
भरपूर उजाले में
जीत के नगाड़े बज रहे हैं
संवेदनाओं के ज्वार
फूट रहे हैं
सहानुभूति की लहरें
उछाल मार रही हैं
जश्न मना रहे हैं उनका
जो अपराधी हैं, घूसख़ोर हैं

बलात्कारी हैं, अत्याचारी हैं
निरंकुश हैं, बेहया हैं
चालाक हैं, काइयाँ हैं

अब अपराधी
बलात्कारी घूसख़ोर
अत्याचारी काइयाँ चालाक
बेहया निरंकुश
छिपकर नहीं बल्कि
बस्तियाँ बनाकर रहते हैं
आसमान के चाँद पर
शान से
खाट बिछाकर सोते हैं।

घर वापसी

सुनो,
घर वापसी तुम्हारा एक प्रपंच है
हम तो हमेशा से ही
बेघर रहे हैं
तुम्हारा प्रपंच
पूरा हो इसके लिए
चाहे तुम रँग लो
अपने घर की दीवारें
नीली-पीली लाल-हरी
संतरी या फिर सफेद
या और किसी मनभावन रंग में
पर हमें तो अब
खुले आसमान के नीचे ही रहना है

सुनो,
चाहे जो हो जाए

हम अपने ही घर में रहेंगे
यह घर हमारा सपना है
जिसे हमने बड़ी
मेहनत-मशक़्क़त-संघर्ष से
बनाया-सजाया है

सुनो,
अब चाहे तुम
अपने-अपने घर को
चालू कीमती आकर्षक
माल से भर लो
तब भी क्या तुम हमें बहका पाओगे
हमें क्या लुभा पाओगे?

सुनो,
चाहे जितना भी
तुम टाँक लो अपने घर में
तरह-तरह की निशानियाँ
और चाहे तो लगा लो
उस पर बड़े-बड़े दाँव
पर हमें तो प्यारा है
बेख़ौफ, बेलौस खुला घर ही।

अब जबकि बढ़ चुके हैं ख़तरे

अब सँभल कर उठाने होंगे
अपने दाएँ और बाएँ कदम
अब ख़तरा नदी की तरह
बाड़ तोड़ता हुआ
पहुँच चुका है
हमारे दफ्तर
खेत-खलियान

फैक्ट्री, चायख़ाने
स्कूल कॉलेज
और उन बंद कमरों में भी
जो हमेशा बंद ही रहते थे

जिनको सौंप दी थी
हमने परिवर्तन की चाभी
अपना भाई-बंधु, मित्र
हमराही समझकर
आज वे
उस ताले की चाभी से
राजनीति के पेच खोलने लगे हैं
वे सब जो कभी कहलाते थे
अमनवादी, लोकवादी
विकासवादी जनतासेवी
आज वे दिन-दहाड़े
सियारों की तरह हुआँ-हुआँ कर
माहौल को और भयंकर
बना रहे हैं—
हमारे परिवर्तन के ताले की चाभी
से खोल रहे हैं
चालीस चोरों की तरह
खुल जा सिमसिम का दरवाज़ा

जहाँ रखा था हमने सँभाल कर
अपना भरोसा अपना प्यार
अपना सहयोग और सब कुछ
जो बहुत अनगिनत है
पर सब उजड़ चुका है
अब सब लुट चुका है
सुनो,
मत करो
वैचारिकता से अलग
भावुक भोली अभिव्यक्ति

क्योंकि चालीस चोरों का झुंड
बैठा ताक में जो कर लेगा तुम्हारी
कीमती भावुक भोली अभिव्यकित का इस्तेमाल
क्योंकि हर बार तुम्हारी अभिव्यक्ति
उनकी अभिव्यकित के
उस ख़ून के घूँट के समान है
जो भेड़िये को और हिंसक बना देती है।

तुम जलाते हो
अवसरों की अँगीठी
और उसमें भूनते हो
दूसरों की
बेबसी लाचारी कमज़ोरी
उनसे उठती मानस गंध पर
तुम अट्टाहास लगाते हो
और ताक़तवर होने का
दंभ पालते हो
हम जोडते हैं तिनका-तिनका
ताकि बन सके
एक प्यारा घोंसला
या फिर छायादार पेड़ के नीचे
एक आशियाना
जिसमें सब बैठ सकें
सिर जोड़कर कर सकें
कुछ दुख-सुख की बातें
कुछ जंगल, पहाड़ नदी, नाले
अमराइयों की बातें
छाया-प्रतिछाया,
बिंब-प्रतिबिंब की बातें

साधारण होने की प्रक्रिया से
गुज़रना चाहते हैं हम
बेख़ौफ बेलौस
जीना चाहते हैं हम

तुम्हारे घृणित
अट्टाहासों के बरक्स
हम खिलखिलाकर हँसना चाहते हैं
हम अपनी हँसी से
एक ऐसी दुनिया रचना
चाहते हैं जहाँ
किसी की हैसियत का टिकट
न कटता हो,
किसी हैसियत वाली टिकट-खिड़की पर
बस जहाँ मेरी तुम्हारी
हम सबकी हँसती आँखों का
स्वप्न पलता हो।

वे चाहते हैं

इंसान के रूप में
बैठे है भेड़िये
जो पीना चाहते हैं
तुम्हारा गर्म लहू
वे करना चाहते हैं
तुम्हारा इस्तेमाल
अपने को ऊर्जावान और
समाज के प्रति प्रतिबद्ध
दिखाने के लिए

वे अपनी जेबों में रख कर
घूम रहे है अनेक रंग
ताकि वक़्त पड़ने पर
जब चाहे जिस रंग से
रँग लें अपना चेहरा
भगवा, हरा, नीला, लाल और गुलाबी
वे मुखौटे चढ़ाने-उतारने में माहिर हैं

वे जब चाहे
जिसका मुखौटा चढ़ा सकते हैं
वे हर वाद से परे
हर वाद से ऊपर
और हर विवाद के साथ खड़े हैं
बिना झिझक, बिना संकोच
बिना लाज-शर्म के

वे नाच रहे हैं, गा रहे हैं
वे झूम रहे हैं
वे एक-दूसरे की बाँहों में बाँहें डाले
आगे बढ़ रहे हैं
वह जो दूर चमक रहा है
तेज रोशनी का लाल घेरा
उसे समूचा निगलने को मचल रहे हैं।

ढ़िढ़ोंरा पीटने वाले

देखो,
छद्‌म दलितवादी
चल पड़े है
नीला झंडा उठाए
कल यही मंच पर चढ़
ठोकेंगे दावे बड़े-बड़े
अपने दलित हितैषी होने का
पर क्या मात्र अपने को
नीली आभा से
ढँक लेना ही
और उसका ढिंढ़ोरा पीट देना ही
आंदोलनकारी हो जाना है?

सुनो,
आंदोलनकारियो

जीवन में पक्कापन भी
कोई चीज़ है!

अवसरवाद

पता नहीं
तुम कैसे कहते हो
अपने को अंबेडकरवादी
हर बात
हर कदम
हर उत्तर
तुम्हारा
उनके दर्शन के विपरित होता है

अब कल ही तुम
बाज़ार में खड़े हो
बोलियाँ लगवा रहे थे अपनी
उनके सामने
जो तुम्हें अपने रंग में रँगने के लिए
उत्सुक थे

अब कल ही तुम
दे रहे थे भाषण
रक्त शुद्धता और यौन शुचिता
बनाए रखने के लिए
अब परसों ही तुम
धर्म और जाति से
आतंकित जनता को
अवसरवाद की भट्टी में
धकेल कर
सीखा रहे थे
धर्म और जाति

ओढ़ने-बिछाने के तरीके
फिर भी तुम कहते हो
अपने को अंबेडकरवादी!

प्रतिघात

दोस्त,
मैंने अपने अनुभव से जाना
ज्यादा सरल होना अच्छा नहीं होता
उससे भी ज्यादा कि
ज्यादा सरल होते हुए
किसी की बेहद मदद कर देना
और उससे भी ज्यादा कि
ज्यादा सरल होते हुए
उसके काम निबटाने का
ख़ुद ज़रिया बन जाना
उसकी तय मंजिल का
सुंदर-सा पत्थर बन जाना

जब आप
ज़रिया बन जाते हैं
तब उसकी महत्त्वाकांक्षाएँ
पूरी तरह परवान चढ़ जाती हैं
तब महत्त्वाकांक्षी व्यक्ति
सबसे पहले
सबसे सरल व्यक्ति के ऊपर चढ़कर
अपनी विजय पताका फहराता है
क्योंकि आप सरल होते हैं
इसलिए आप सबको
अपने जैसा सरल मान
उसके हाथ की लकड़ी बन जाते हैं
वो लकड़ी

जो लाठी बनने की
ताक़त रखती थी
अब वही लकड़ी, वह सड़क पर
पीट-पीट कर आगे बढ़ता है
और लकड़ी लाठी न बन महज़
एक लक्कड़ रह जाती है
जिसका किसी दिन हवन में
चूल्हे में या फिर किसी
आरामकुर्सी में हत्था बनना तय है

तो दोस्त,
सँभालो अपने आप को
सरल ज़रूर रहो पर चौकन्ने भी रहो
वर्ना कहीं ऐसा ना हो
कि जब वह कोई आघात करे
तो वह किसी मुखौटे में सुरक्षित
खड़ा हो मुस्कुरा न रहा हो
और तुम अपना दाग़दार चेहरा लिये
घेर कर मार न दिए जाओ।

हेमलता महिश्वर

हेमलता महिश्वर का जन्म 5 नवंबर, 1966 को बालाघाट, मध्य प्रदेश में हुआ। उन्होंने एम.ए., बी.एड., एम.फिल. और पी-एच.डी. की उपाधि प्राप्त की। वे अखिल भारतीय दलित लेखिका मंच की संस्थापक सदस्य हैं।

उनकी प्रमुख पुस्तकें हैं—'स्त्री लेखन और समय के सरोकार' (चिंतन); 'नील, नीले रंग के' (कविता-संग्रह); 'धम्म परित्तं' (सह-लेखन); 'समय की शिला पर'; 'उनकी जिजीविषा, उनका संघर्ष'; 'रजनी तिलक : एक अधूरा सफ़र' (सम्पादन)।

उन्होंने 'उड़ान' पत्रिका का सम्पादन भी किया है। 'युद्धरत आम आदमी : हाशिए उलांघती स्त्री' की सम्पादक सदस्य रही हैं।

इनके अतिरिक्त विभिन्न पत्र-पत्रिकाओं में उनकी रचनाएँ प्रकाशित हैं। कुछ कहानी, कविताओं और लेखों का मराठी, पंजाबी, अंग्रेज़ी में अनुवाद भी हुआ है।

फिलहाल जामिया मिल्लिया इस्लामिया, नई दिल्ली के हिन्दी विभाग में प्रोफ़ेसर हैं।

हेमलता महिश्वर इस क्रम में ग्यारहवीं कवि हैं। इनकी कविताएँ समाज में व्याप्त हिंसा, ख़ासकर जाति-हिंसा के तीक्ष्ण नकार की अभिव्यक्तियाँ हैं। यह नकार उन तमाम घटनाओं के प्रति भी व्यक्त होता है जिनसे हिंसा और अपमान की बू आती है। मानव जीवन की सुंदरता को मिट्टी में मिलाने वाली मान्यताओं के प्रति भी इनका आक्रोश दिखता है। समाजवाद में विश्वास करतीं इनकी कविताएँ प्रेम की भी गुहार लगाती हैं। मज़दूर, किसान, दलित स्त्रियाँ, नवयुवक, यानी मार खाती मनुष्यता की चीत्कार की ये कविताएँ हैं।

—सम्पादक

नील

नीले रंग के
पड़ जाते हैं
तन पर मन पर
मार, बेग़ार और अपमान के
याद है ना
गर्दन में लटकती हंडी
और
कमर में बंधी रस्सी से
छलछला उठे रक्त बिंदु
हरे ज़ख़्म लाल
होते नीले फिर काले
छोड़ जाते अपने अमिट निशान
कर देते मन लहूलुहान
यूँ तो नहीं है आज
गले में हंडी
कमर में झाड़ू
फटे बाँस का फटफटा हाथों में लेकिन
जाते क्यों नहीं
नीले निशान?

शिक्षा शेरनी का दूध है

अ से अंबेडकर
और ब से बाबासाहब पढ़ते ही
मैं पढ़ ली थी ग़ुलामी

और तोड़ फेंकी बेड़ियाँ
मैंने जन्मजात प्रतिभा की मान्यता को
अर्जित योग्यता में बदला
बेगार करना छोड़
रोज़गार अपनाया
मैंने कपड़े पहने जो मैले-कुचैले नहीं थे
फटे तो ज़रूर थे, पर साफ़-सुथरे थे
सायकिल से कार तक का सफ़र किया
झोंपड़ी से चलकर बँगले तक
मैं सामाजिक लोकतंत्र की राहान्वेषी!

संविधान और सपने

संविधान
देश को सौंपते हुए
बाबा साहब ने कहा था
मैंने राजनीतिक लोकतंत्र की स्थापना की है
लेकिन सफल तभी होगा
जब सामाजिक लोकतंत्र में परिवर्तित होगा
देश में बड़े-बड़े बाँध बन गए
और लोग विस्थापित हो गए
साथ ही विस्थापित हो गई
विस्थापितों की अस्मिता
कुछ लड़कियों और औरतों की इज़्ज़त भी
जाने कितने ही कल-कारख़ाने खुल गए
सीने में महफ़ूज़ फेफड़े
काले-पीले पड़ गए
औरतें बेरौनक़ हुईं
बच्चे बाप को तरस गए
रेल लाइन का विस्तार हुआ
मेट्रो का जाल भी बिछने लगा
प्रधानमंत्री सड़क योजना पहुँचने लगी गाँव-गाँव

कोई दलित जब दूल्हा बन घोड़ी पर बैठा तो मारा गया
कोई दलित को दूल्हा बन घोड़ी पर बैठने का अधिकार न था

सोनू पीटा गया
वह चमरौधी जूती पहन राजपूतों के सामने न निकल सकता था
यह लोकतंत्र हौले-हौले विकसित हो रहा है
लड़की पढ़ेगी, लड़की बचेगी
बेटी बचाओगे तभी तो बहू लाओगे

हाय रे लोकतंत्र!
बेटी इसलिए बचाओ
कि वह कल बहू बन सके
बहू न बने तो मार दी जाएगी
गर्भवती सिलिया को मारा गया
गाँव में पीने का पानी लेने गई थी
ठकुराइन टकरा गई
ठकुराइन को छूत लग गई
सिलिया को मारते रहे जब
ठाकुर ठकुराइन
तब छूत कहाँ चला गया?

झोपड़ी से राष्ट्रपति भवन की यात्रा कर ली गई
लोकतंत्र में राजनीतिक दल गुमान करते हैं
हमने मुसलमान को, दलित को, स्त्री को
बनाया है राष्ट्रपति
यह गुमान तुम्हारे अमिट जातीय अहं की निशानी है
लोकतंत्र का मुखौटा पहने
मनुवाद बहुत बीभत्स है, भारी है।

क्या सोच रहे होंगे वे चार नवयुवक हर चोट पर

एल्युमीनियम की रॉड जैसी लकड़ी
थक जाती और बदल जाता हाथ
पटापट पड़ती जा रही थी
चार नवयुवकों के कुल्हों पर
जाँघों पर, पैरों पर
हथेलियाँ जुड़ी हुई थीं रहम की भीख माँगते जैसे
क्योंकि आठ कलाइयाँ एक रस्से से जकड़ी हुई थीं
चारों नवयुवकों का कुचल दिया था मान
एक बड़ी-सी गाड़ी के पीछे बाँध दिए गए थे
धड़ से नंगे फ़ुल पैंट छोड़ दिया था बदन पर
सारे नगर में निकाला गया था जुलूस बेशर्म
और अस्मिता तार-तार कर नंगी हो गई
अधनंगे युवकों को पीटते गोरक्षकों की
सरेआम उजागर हुई नंगई, तब
क्या सोच रहे होंगे वे चार नवयुवक हर चोट पर
बिलबिला उठते, लहराता दर्द का ज्वार
लाचारी, बेबसी, कराह भी दब जाती
मार खाती देह और आँखें पनियाली तक न थी
क्या था उन आँखों में जब हो रहा था
बिन अपराध ही सज़ा का सार्वजनिक प्रदर्शन

तड़तड़ा उठते होंगे त्वचा के भीतर उत्तक
लहर उठती रही होगी दर्द की
अपनी बारी का इंतज़ार करते
अब इसको पड़ी, अब उसको, फिर ये और फिर मैं
क्या सोच रहे होंगे वे चार नवयुवक हर चोट पर
माँसपेशियों में कसावट भर लेते होंगे क्या
पड़नेवाली हर चोट के पहले मन कड़ा करते होंगे क्या
यह सोचकर कि नहीं, चोट का असर न होने देंगे देह पर
पर मन का क्या करें?
हर चोट पर मन देह से ज्यादा बिलबिलाता था

कचोट जाता था लोगों की आँखों को देखकर
मन को कड़ा करने की माँसपेशी का नाम क्या होता है?
काश! कि कोई न देखे हमें ऐसे पिटते हुए
काश! कि कोई तो हमारा अपराध पूछे
काश! कि पुलिस यूँ खड़ी न रहे समर्थन देती दूर से
काश कि मूक दर्शक बने लोगों में से ही कोई आ जाए
हाथ पकड़ ले,
रोक दे उठा हुआ मारने को आतुर हाथ
काश! कि कोई बस एक बार पूछ ले-मारते क्यों हो
थोड़ी राहत तो मिलेगी, कुछ समय निकल जाएगा
लगातार होती जा रही मार को एक अंतराल मिलेगा

क्या यही सोच रहे होंगे वे चार नवयुवक हर चोट पर
डी डी 03 एफ़-1294 नम्बर की ज़ायलो सफ़ेद
और दूसरी तरफ़ लहू टपकाते हिंस्र आँखों वाले
जैसे पुनीत कर्तव्य को दे रहे हों अंजाम
रग-रग से उठता था उनकी नफ़रत का ज्वार
चार दलित बँधे नवयुवकों पर उतरता था
क्या हमारा दर्द नहीं व्यापता देखने वालों को
क्या यही सोच रहे होंगे वे चार नवयुवक हर चोट पर
कहीं ऐसा ही तो नहीं सोच रहे होंगे वे चार नवयुवक!

रोज़-दर-रोज़

कितनी ही महिलाओं का होता है बलात्कार
हम भारत माता को विश्व गुरु बनाने आए हैं
रोज़-दर-रोज़
दलित दूल्हे मार दिए जाते हैं घोड़ी चढ़ने पर
हम भारत माता को विश्व गुरु बनाने आए हैं
रोज़-दर-रोज़
लग रहे हैं पहरे अभिव्यक्ति की स्वतंत्रता पर
हम भारत माता को विश्व गुरु बनाने आए हैं

रोज़-दर-रोज़
भारत माता की जय न बोलें तो जारी होते हैं फ़तवे
हम भारत माता को विश्व गुरु बनाने आए हैं
रोज़-दर-रोज़
सोनी सोढी करती है सामना मौत का हर पल
हम भारत माता को विश्व गुरु बनाने आए हैं
रोज़-दर-रोज़
मारे जा रहे हैं दाभोलकर, पनसारे, कलबुर्गी

हम भारत माता को विश्व गुरु बनाने आए हैं
रोज़-दर-रोज़
नेता करते हमारी माँ-बहन एक, बनते नेक
हम भारत माता को विश्व गुरु बनाने आए हैं
रोज़-दर-रोज़
मारे जाते हैं गाय के नाम पर मुसलमान, दलित
हम भारत माता को विश्व गुरु बनाने आए हैं
रोज़-दर-रोज़
सीमा पर मारे जाते जवान सत्ता की बिसात पर
हम भारत माता को विश्व गुरु बनाने आए हैं
रोज़-दर-रोज़
महँगी होती शिक्षा के बजट पर लगातार कटौती
हम भारत माता को विश्व गुरु बनाने आए हैं
रोज़-दर-रोज़
नौकरियाँ हैं नहीं और छिन रहा है रोज़गार

हम भारत माता को विश्व गुरु बनाने आए हैं
रोज़-दर-रोज़
विश्व सूचकांक से खिसकने लगा है भारत
हम भारत माता को विश्व गुरु बनाने आए हैं

प्यासा पानी

लड़कियों की सुरक्षा के नाम पर
देर रात तक लाइब्रेरी में पढ़ने का अधिकार छीन लिया
लड़कियों से पढ़ने का अधिकार छीनते
कुलपति और विश्वविद्यालय
ज़िलाधिकारी और प्रशासन
मीठी-भली बोली बोलते
ब्राह्मणवादी पितृसत्ता के छद्म पैरोकार
लड़कियों के प्रदर्शन को रोक रहे हैं
'हमें चाहिए आज़ादी
पढ़ने की आज़ादी'
हलक फाड़कर
लड़के भी नारों में शामिल हैं
सूखते गले से लड़के ने कहा
'प्यास लगी है'
पढ़ने की प्यासी लड़की
तड़प उठी
'प्यास लगी तो नारा लगाओ
और जो प्यास मुझे लगी है?
हाँ, प्यास लगी है
हाँ, सुनो मैं बता रही हूँ तुम्हें
मुझे प्यास लगी है
मैं पानी माँग रही हूँ
मेरा पानी छीना जा रहा है
मेरा पानी छलकाया जा रहा है
मेरा पानी दूषित किया जा रहा है
मेरा पानी अटाया जा रहा है
मेरा पानी सुखाया जा रहा है
मेरा शीतल पानी कब तक शांत रहेगा?

[बीएचयू के छात्रावास की लड़कियों द्वारा की गई हड़ताल के दौरान जब एक लड़के ने प्यास लगने की बात कही तो यह कविता बनी।]

किसान

तुम किसान जैसे क्यों दिखाई नहीं देते?
तुम्हें भी तो चिन्हा जाता है वेशभूषा से
गोदान का होरी याद नहीं?
सारी उम्र हाड़ गलाने के बाद
ढाई पैसा ही रहा मरने के बाद

तुम ट्रेक्टर से चलते हो
तुम गर्म कपड़े तक पहने हो
तुम्हारी आवाज़ लरजने के बदले
गरजती क्यों है?

ऐसा तो ख़ालिस्तानी करते हैं
तुम किसान नहीं
तुम्हारी आवाज़ संसद तक न पहुँचे
इसलिए सरकार ने सड़कों में
खोद दिए हैं बड़े-बड़े गड्ढे
पर हवा में तैरती आवाज़ें
पूरे विश्व तक पहुँच गईं
और विश्व की आवाज़
तुममें शामिल हो गई

याद है ना,
दंगों के दौरान सरकारी संपत्ति को जो नुक़सान हुआ था
उसका हर्ज़ाना कुछ ख़ास वेशभूषा वालों पर लगाया गया था
अब सरकार यह हर्ज़ाना किससे वसूल करेगी
सरकार किसे दंडित करेगी जबकि
तुमने सरकारी भोजन करने से भी इंकार कर दिया
तुम ऐसे तनकर कैसे खड़े हो गए
किसान!

तुम राय बहादुर के सामने
गिड़गिड़ाते हुए ही किसान लगते हो

सरकार तुम्हें इससे ऊपर देखने की आकांक्षा नहीं रखती
प्रधानमंत्री ने कहा है
तुम भ्रम के शिकार हो
और मंत्री कह रहे हैं
यह पाकिस्तान, चीन की साज़िश है
सरकार
किसान विरोधी बिल पारित करते हुए
आपसे तो क्या
विपक्ष की राय भी नहीं लेती
और इसे षड्यंत्र करार देती है

तुमने बिंदुवार क़ानूनी भाषा अख़्तियार कर ली है
लोकतंत्र तुममें पनप रहा है
तुम आजीविका की समानता की माँग कर रहे हो
तुमने होरी की परंपरा तोड़ दी है
किसान!
सरकार तुम्हें अपनी करनी समझाना चाहती है
और तुम हो कि अपने तर्क लिये बैठे हो
तुम सहायक बनो ना
राय बहादुर सजी हुईं डलियाँ
अंग्रेज़ बहादुर तक पहुँचाना चाहता है
तुम्हारा पसीना पूँजीपतियों के लिए चुवाना चाहता है
और तुम हो कि रोड़ा बने हुए हो
किसान!

एमपीएस का मतलब
मिनिमम और मैक्सिमम दोनों ही हो सकता है
मैक्सिमम तो ससीम है
और मिनिमम असीम
यह तुमने जान लिया ना
तुम माँग रहे हो स्वामीनाथन आयोग की अनुशंसा
तुमने जुमलेबाज़ी को तोड़ने का दुस्साहस किया

किसान
तुम सचमुच धरती पुत्र हो

मनुष्यता का हल कांधों पर लिये
लोकतंत्र की फसल बो रहे हो!

बाग़ बाग़ बाग़ है

दिल हुआ जबसे शाहीन बाग़ है
पुरवाई जो चली वहाँ
देश की ख़ुशबू अब शाहीन बाग़ है
अदब पर जो छाया साया
रौशन दिल बन आया शाहीन बाग़ है

औरत पढ़ रही है
पर्दानशीनों का जलवा शाहीन बाग़ है
गणतंत्र जवान हो रहा है साहेब
घर-घर बन आया शाहीन बाग़ है
भारतीय बन गया हर जन
जन गण मन बन गया शाहीन बाग़ है

तुम बोलो तो समाजवादी

तुम बोलो तो समाजवादी
हम बोलें तो बस जातिवादी
तुम बोलो तो समझदार
हम बोलें तो बस अहंकार
तुम बोलो तो स्त्री संवेदना
हम बोलें तो कास्त्रीपन
तुम बोलो तो कुलीनता
हम बोलें तो लोलुपता
तुम रेशम पहनो तो भद्रता
हम पहनें तो प्रदर्शन

तुम्हारी गाली भी है प्रेम
हमारा प्रेम बाना है कटु वचन!

प्रेम का मान

उस दिन
जब चाँद बड़ा था
जाने चाँद बड़ा था
कि पृथ्वी के निकट था
पर विज्ञान कहता था
आज की रात
चाँद बहुत बड़ा दिखाई देगा
यह होता है
बहुत वर्षों के अंतराल में
बड़े चाँद का मान
आकाश से माँगता तो क्या होगा
ले लेता होगा
जगह थोड़ी और
और आकाश भी
थोड़ा सिमट जाता होगा

थोड़ा विस्तार
थोड़ा संकुचन
बस इतना ही है
प्रेम का समीकरण।

वंदना टेटे

आदिवासी लेखक, प्रकाशक, एक्टिविस्ट और आदिवासी दर्शन 'आदिवासियत' की प्रबल पैरोकार वंदना टेटे का जन्म 13 सितंबर, 1969 को सामटोली, सिमडेगा, झारखंड में हुआ। सामुदायिक आदिवासी जीवन-दर्शन , सौंदर्य-बोध एवं विमर्श को अपने लेखन और वक्तव्यों के ज़रिये उन्होंने नया आवेग प्रदान किया है।

उनकी प्रमुख पुस्तकें हैं—'पुरखा लड़ाके,' 'किसका राज है', 'झारखंड एक अंतहीन समरगाथा', 'असुर सिरिंग', 'पुरखा झारखंडी साहित्यकार और नये साक्षात्कार', 'आदिम राग', 'आदिवासी साहित्य : परंपरा और प्रयोजन', 'आदिवासी दर्शन कथाएँ', 'कोनजोगा', 'एलिस एक्का की कहानियाँ', 'आदिवासी दर्शन और साहित्य', 'वाचिकता : आदिवासी साहित्य एवं सौंदर्य-बोध', आदि।

उन्हें आदिवासी पत्रकारिता के लिए झारखंड सरकार का राज्य सम्मान तथा संस्कृति मंत्रालय, भारत सरकार द्वारा सीनियर फेलोशिप से सम्मानित किया गया है।

तेरहवीं कवि वंदना टेटे हैं जिनकी कविताओं में समूचा आदिवासी जीवन गूँजता है। इस आदि-जीवन को नष्ट करती सत्ताएँ यहाँ सवालों के घेरे में हैं। वे पूछती हैं, "बाँझी में खिले फूलों को किसने जलाया/बाँझी के डोभा पोखर में किसने भाई बहनों का ख़ून मिलाया...बोलो, बोलो क्यों हुआ हूल..." देश के शीर्ष पर बैते राष्ट्रपति से भी इनके सवाल हैं और उनके मार्मिक जवाब भी। वंदना टेटे की कविताएँ पढ़ते हुए रोना भी आता है और हँसना भी, जब वे कहती हैं, "ऐ ढेंचुआ, बारिश में आदिवासी कहाँ जाएँगे"। फिर वही ज़िद, जवाब दो...लो जो हाथी भी आ गए सलय सलय, हिसाब दो जवाब दो... मैना भी आ गई सरई सरई/हमारा घोंसला क्यों तोड़-फोड़ किया।" इतनी असाधारण कविताओं को पढ़ते हुए मन कृतज्ञता से भर जाता है। इस जाती हुई दुनिया को ठीक कर लेंगे, ऐसी उम्मीद भी जगती है ऐसी कविताओं के लिखे जाने से।

—सम्पादक

बाँझी शहादत दिवस— 19 अप्रैल, 1985

शहीदों को हूल जोहार
बाँझी में
खिले हुए फूलों को
किसने जलाया
बाँझी की हवाओं में
किसने चीख़ों को पीरोया
बाँझी के डोभा-पोखर में
किसने भाई-बहनों का
ख़ून मिलाया
सरकारी पुलिस ने
दिकुओं की हत्यारी फौज ने
या पटना-दिल्ली की सरकार ने
बोलो-बोलो बाँझी
क्यों हुआ हूल
किसने जलाए बाँझी के
आदिवासी फूल?

लो जी हम भी आ गये

लो जी,
हम (हाथी) भी आ गए
सलय-सलय
हिसाब दो जवाब दो
हमारा घर क्यों उजाड़ा?

लो जी,
हम (भालू) भी आ गए
धिरोम-धिरोम
हिसाब दो जवाब दो
हमारा शहद क्यों लूटा?
लो जी,
हम (मैना) भी आ गए
सरई-सरई
हिसाब दो जवाब दो
हमारा घोंसला क्यों तोड़-फोड़ किया?
लो जी,
हम (डुगडुगिया मछली) भी आ गए
रसे-रसे
हिसाब दो जवाब दो

हमारा गढ़ा-डोंढ़ा क्यों भर दिया?
लो जी,
हम (बाघ) भी आ गए
धितांग-धितांग
हिसाब दो जवाब दो
हमारे जंगल में हमारा राज क्यों छीना?
लो जी,
हम (भगजोगनी) भी आ गए
तिरि-रिरि तिरि-रिरि
हिसाब दो जवाब दो
हमारा आसमान क्यों गन्दा किया?
लो जी,
हम (मेढक) भी आ गए
डुबुक-डुबुक
हिसाब दो जवाब दो
हमारा नदी-ताल क्यों बेच दिया?

क्या बोले?
हमारी भाषा नहीं समझते?

बाह! बाह!!
तो किसी की मदद लो
लेकिन हिसाब, दो जवाब दो
चारों कोना खोजा
चारों कोना ढूँढ़ा
गूगल पर भी नहीं मिला
तुम सबकी भाषाएँ
तो हम क्या करें
हिसाब दो, जवाब दो
लो जी,
अब हम भी आ गए
हमारी भाषा तो समझते हो ना?
या समझाऊँ तुम्हारी भाषा में!
भरमाओ मत आँख दिखाओ मत
हिसाब दो जवाब दो।

पत्थलगड़ी की औरतें

उन पाँच लड़कियों में से
एक मैं भी हूँ
पर क्या आप उन 8.6 प्रतिशत
आदिवासी समुदाय की
औरतों में से एक हैं
आंकड़ों का विश्लेषण
विशेषज्ञों का काम है
हम तो महज़ आंकड़े हैं
हम आदिवासी लड़कियाँ
और औरतें भी आपके विकास से
हर रोज बलत्कृत हैं
संविधान की शपथ खाने वाली
सरकार की फौजें
किस दिन संसद को घेरेंगी

अपने लोगों के लिए
आपने बदल ली है
47 के बाद देशद्रोही की परिभाषा
चाचा नेहरू देशभक्त हो गए हैं
हम आदिवासी
आज भी देश के लिए ख़तरा हैं

हम खड़े थे
निर्भया के साथ भी
हम खड़े हैं
पाँच लड़कियों के साथ भी
पर क्या आप आएँगे पत्थलगड़ी कर रही
आदिवासी औरतों के साथ नाचने
आदिवासी मर्दों के साथ गाने
देश का संविधान पूछ रहा है
5वीं अनुसूची के सामने
आप कब तक चुप रहेंगे

जब मैं हाथ में ले लेती हूँ

टाँगी,
हँसिया,
दाब,
दराँती
ये सब हमारी सुंदरता के
प्रसाधन हैं
जिन्हें हाथ में पकड़ते ही
मैं दुनिया की
सबसे सुंदर स्त्री हो जाती हूँ
तब कहीं दूर रैंप पर
लड़खड़ाती हुई टाँगों वाली
तुम्हारी सारी विश्वसुंदरी पुतलियाँ
पछाड़ खाकर गिर जाती हैं

प्रायोजक भाग उठते हैं
टीवी डिसकनेक्ट हो जाता है
मोबाइल के टावर
ठप्प हो जाते हैं

जब मैं हाथ में ले लेती हूँ
टाँगी, हँसिया, दाब, दराँती
या इन जैसा कुछ भी...

ए ढेंचुवा! आदवासी लोग कहाँ जाएँ?

दधिचि ने जब कहा—
ले जाओ मेरी हड्डियाँ
और असुरों का समूल नाश कर दो...
तब बुद्ध ने कहा—
मध्यम मार्ग!
पाश चीखा—
बीच का रास्ता नहीं होता!
एक महात्मा ने कहा—
वैष्णव जन तो तेने कहिए
जे पीर पराई जाणे रे...!
बाबा साहेब बोले—
बुद्धम् शरणम् गच्छामि!
राष्ट्रपति ने देशवासियों को बधाई दी—
आसुरी शक्तियों पर
विजय का पर्व है नवरात्र!
और इन दिनों
जब गूगल मोगली पर फ़िदा है
न्यायपालिका कह रही है—
आदिवासियों को जंगल छोड़ना होगा!
वह भी बारिश के पहले!

तो ए ढेंचुवा
बारिश में आदिवासी कहाँ जाएँगे?
इस पर लोकतंत्र चुप है!

तो ए मैना
सवाल यह भी है
कि कौन फिर-फिर से गा रहा है
वही पुरखा गीत—
अबुआ दिसुम, अबुआ राइज!

ए दीदी, ए दादा
हम सब ही तो गा रहे हैं—
जल, जंगल, ज़मीन हमारा है
हमारा है...हमारा है!!

हाँ हम सब ही तो गा रहे हैं
हम सब ही तो गा रहे हैं...

राष्ट्रपति को लेटर

राष्ट्रपति महोदय,
मैं एक खड़िया आदिवासी स्त्री हूँ
मेरा जन्म शंख नदी के
किनारे के एक गाँव में हुआ है
जब मैं कॉलेज गई तो पता चला
हमारा वो जन्म इलाका
जो एक नदी के नाम से जाना जाता था
अब आपके अधिकारियों द्वारा किए गए
डिविजन, सब-डिविजन
और राज्य की आड़ी-टेढ़ी बाउंड्री के कारण
कई जिलों और राज्यों में
डिवाइड हो गया है

नतीज़तन मेरा गाँव इस जिले में है
तो मेरा घर उस जिले में
नानी घर इस राज्य में है
तो दादी गाँव उस राज्य में

राष्ट्रपति जी
यह लेटर मैं आपको इसलिए लिख रही हूँ
कि मेरे नाना प्यारा केरकेट्टा ने
और उनके दोस्त जयपाल सिंह मुंडा ने
हमलोगों को बताया है
कि हम आदिवासियों के केयर टेकर
आप ही हैं
मिस्टर प्राइम मिनिस्टर और चीफ़ मिनिस्टर को
वही करना होगा
जो आप निर्देश देंगे

प्रिय महोदय
मैं कोई बड़ी बात
बहुत बड़ी माँग नहीं करने जा रही
जैसे कोई उद्योग, कोई विश्वविद्यालय
कोई भाषा अकादमी, इलाके से सेना की वापसी,
या फिर अफ़स्फ़ा जैसे एक्ट का निरस्तीकरण
मैं आपसे मेघालय और झारखंड के
यूरेनियम खनन और उसका कचड़ा गिराने को भी
रोकने की माँग नहीं करने जा रही
और न आपसे यह कहने वाली हूँ
कि हमें विस्थापन और ट्रैफिकिंग से बचा लीजिए

यक़ीन कीजिए महोदय
हमारा यह पत्र मर्सी किलिंग की
अनुमति के लिए भी नहीं है
हमारी बात बहुत मामूली है
एक छोटी-सी गुज़ारिश है
हम तो आपसे

बस ये पूछना चाह रहे हैं
कि बेरोक-टोक आपके लोग
हमें 'टेक' किए जा रहे हैं
आख़िर आप कब 'केयर' करेंगे
कब आप बोलेंगे
अपना मुँह हम आदिवासियों के
केयर टेकर के रूप में
आख़िर किस दिन खोलेंगे
आपके जवाब की प्रतीक्षा में
भारतीय गणराज्य संघ की
एक आदिवासी नागरिक।

हम जानते हैं

हम जानते हैं
तुम्हारे पास आसमान को छुपा देने
जितना हथियारों का जख़ीरा है
हम जानते हैं
तुम्हारे पास धरती को ढँक देने
जितनी विशाल फौज है
हम जानते हैं
तुम्हारे पास ग्रह के अनंत शून्य जितना
लालच, अहंकार और अमानवीयता है
पर तुम नहीं जानते
हमारे पास धड़कता
नाचता-गाता हुआ दिल है
पाताल से आसमान तक को भेदते
साल के पेड़ हैं
पुरखा लड़ाकों की आत्माएँ हैं
पूरा का पूरा दिन है
समूची की समूची रात है
सूरज है

चाँद है
और हैं सितारे
सभी ग्रह, नक्षत्रों, सौर मंडलों
और जानी-अनजानी दुनिया के साथ।

यह कलिंग काल नहीं

क्रांतिकारी
सूगर से पीड़ित हैं
कवि सरकारी 'नोबेल' से
किसान बैंकों में मर गए
मज़दूर ठेके में
भ्रूण में ही मर गई
दुनिया की सब औरतें
दलित बुद्धत्व को प्राप्त हुए
जंगलों के आदिवासी
सुरक्षित अभयारण्यों की सेज पर हैं
सचमुच यह कलिंग काल नहीं है
न ही 92 या 02 वाला
मध्ययुगीन बर्बर भारत
आँत में दाँत रखने वाला
एक स्पांसर्ड राजा
मुस्कुराते हुए हर रोज़ कहता है
इंडिया चाँद से बहुत आगे है।

जामुनी चेहरा

तुम्हारा चेहरा
जामुन हो गया है सोनी
इसकी मिठास अब और बढ़ गई है

इसका अर्क
असाध्य रोगों की अचूक दवा है
नहीं जानते हैं वे
जिन्होंने बना दिया है तुमको जामुन
तुम मत सोचना सोनी
चेहरा खराब हो गया है तुम्हारा
उस समाज की बेटी हो तुम
जिसमें कोई चेहरा बदसूरत नहीं होता
हम आदिवासी औरतों को यह सत्ता
सिर्फ़ देह से जानती है
या फिर लड़ाकू हौसले से

चेहरा हमारा
सदियों से सूर्पनखा है, बहन
और इतिहास हमारी नाक
जिसे काटते रहते हैं मर्यादा पुरुषोत्तम
और उनके भाई बंद रिश्तेदार
तुम अब पहले से कहीं ज्यादा
फल उठी हो जामुन-सी
देश के जंगल दहक रहे हैं
तुम्हारी जामुनी आभा से
तुम्हारे चेहरे का जामुनी रंग
बदल देगा व्यवस्था का कसैला स्वाद

देश का भविष्य मीठा होगा ही एक दिन
कह रहे हैं गाँव
कह रहे हैं जंगल
कह रहा है हर जामुनी चेहरा।

हर बिहान है उलगुलान

ओ माकी!
सरई (सखुआ) के पत्ते
फुला गए हैं
रेशम के कोये में
अंडे खदबदा रहे हैं
बिरसा से कहना
अब भी होती है
पत्थलगड़ी
हम अब भी करते हैं
एरा सेंदरा (जनी/स्त्री शिकार)
दिसुम (देश) में हर बिहान
आज भी है उलगुलान*।

---

* उलगुलान के दौरान माकी मुंडा टाँगी लेकर ही ब्रिटिश फौज से भिड़ गई थी।

रीता दास राम

कवयित्री, कहानीकार व लेखिका रीतादास राम का जन्म सन् 1968 में नागपुर हुआ। उन्होंने मुम्बई यूनिवर्सिटी से एम.ए., एम.फिल. और पी-एच.डी. (हिन्दी) की।

उनकी प्रमुख पुस्तकें हैं—'तृष्णा', 'गीली मिट्टी के रूपाकार' (कविता-संग्रह); 'समय जो रुकता नहीं' (कहानी-संग्रह)।

'नया ज्ञानोदय', 'आजकल', 'लमही', 'कथा' 'उत्तर प्रदेश' समेत कई अन्य महत्वपूर्ण पत्र-पत्रिकाओं में उनकी रचनाएँ प्रकाशित हैं। इनके अलावा साझा काव्य-संकलनों, विभिन्न पत्र-पत्रिकाओं, वेब-पत्रिका, ई-मैगज़ीन में भी रचनाएँ प्रकाशित।

उन्हें 'शब्द प्रवाह साहित्य सम्मान', 'अभिव्यक्ति गौरव सम्मान', 'हेमंत स्मृति सम्मान', 'शब्द मधुकर सम्मान', 'आचार्य लक्ष्मीकांत मिश्र राष्ट्रीय सम्मान' तथा हिन्दी अकादमी, मुंबई द्वारा 'महिला रचनाकार सम्मान' से सम्मानित किया गया है।

स्त्री प्रतिरोध की तेरहवीं कवि रीता दास राम हैं। इन्हें पढ़ते हुए उस दौर की स्त्री-कविता की याद आने लगती है जब स्त्रियों ने परंपराओं और रीति-रिवाज़ों पर उँगलियाँ उठाईं। उन्हें अपनी पीड़ा उन संरचनाओं से आती हुई लगती थीं जिन्हें समाज ने उनके लिए गढ़ा था। और यह सही भी है। रीता का शक फिर और गहरा हो जाता है क्योंकि ये संरचनाएँ राजनीतिक भी हैं। आदमी को उलटा लटका उसे नष्ट करने वाली सत्ताएँ भी हमारी मनुष्यता का हरण कर लेती हैं। ऐसे शक-ओ-शुब्हा को नया करती हैं ये कविताएँ।

—सम्पादक

लिखना मिटाना

पूरी शालीनता से
ख़ुशी लिखेंगे
लिखेंगे भद्र और सभ्यता
समझ, संस्कृति, सदाचार, समानता लिखना है
और लिखना है कि होंगे कामयाब
मान्यता के गर्भ में
उतरे विश्वास पर
लिखना है स्पर्श की भाषा
कि अज्ञान अबूझ रह जाए अबोला
मिटाने हैं किस्से कहानी कि किस तरह
भाई-भाई हुए अलग गढ़-गढ़ कर मनगढ़ंत
कुप्रथाओं, अंधविश्वासों,
जबर्दस्त रीति-रिवाजों से अटा समाज
आरोपित न हो
रहे नवांकुर पुरसुकून
अपनी ही भूमि में
मिले हुए जलाशयों के पानी
रंग बन गए
ललकारों और घोषणाओं के लिए।

जानवर

रंग, तरंग, उमंग और उल्लास से
वाकिफ़ होने के बावजूद, ताज्जुब है
हत्याएँ, बलात्कार,

अत्याचार, अनाचार बरक़रार हैं
दुनिया के नक्शे पर ख़ून की नदियाँ बही कई बार
कई बार आत्माएँ बेची गईं
कई बार नजरें हुईं क्रूरता की मिसाल
और कत्लेआम ने नए दृश्य दिए
बावजूद इसके
बुद्ध ईसा गांधी ने सहेजा पारावार
कई बार दर्द से बौखलाई पृथ्वी
और दर्ज़ हुए हाहाकार
फिर भी हज़ारों सालों से
हम चल रहे हैं
और चल रही है दुनिया
पृथ्वी, सूरज, चंद्र, तारे
जिसमें जानवर मूक दर्शक है
जी रहे हैं अतार्किक
बर्बरता और घातक शक्ति प्रयोग करते रहने के बावजूद
उन्होंने बोलना और सोचना नहीं सीखा।

स्त्री तुम

स्त्री तुम बोई जाओगी
हर बार नए तरीके से
हर मिट्टी में अलग
हर जलवायु में अनोखी
तुम्हें बसने नहीं दिया जाएगा
कसूर है तुम्हारा
उत्खनन के बाद भी तुम
मृदु, कोमल और अविभाज्य बनती जाती हो
तुम फिर-फिर उग आती हो
परजीवों का आधार बनती
बनाना, सहेजना, मढ़ना,
गढ़ना, बुनना है प्रकृति तुम्हारी

आविष्कार हो
जननी हो, जीवन हो तुम
तुम धरती का अंतरंग सूत्र
तुम आकाश का उत्ताप छंद
तुम ढोल, मंजीरा, गीत, मृदंग
तुम घुंघरू, पायल, बोल खनक तुम
पृथ्वी का संगीत तुम
आह्लाद और आलाप तुम
जीने की परिभाषा तुम
जीवों का अनुराग तुम
कण-कण में तुम घटवासी
अनंत का ज्योत बिंदु तुम
नियति की पराकाष्ठा
आगाज़ तुम परवाज़ तुम
हार भी तुम में
मानवता की जीत भी तुम
अंत तुम शुरुआत तुम
बनी रहो इस पृथ्वी पर
इसका सूरज, चाँद और आसमान तुम
यहाँ जीवन का रीत, धुन, और स्वप्न तुम।

घटनाएँ

घटनाएँ
चीख़ती-चीख़ती चुप हो जाती हैं
विचार
चलते-चलते गुम हो जाते हैं
वक़्त ख़ाली आकाश में
तारों को गिनता पसरा होता है
कालचक्र हर बारह घंटे में
पाता है बदलाव अँधेरे और रोशनी का

हमें अपनी जगह बनानी होती है
रोशनी तेज़ और अँधेरे की स्याही
देखकर।

मनुष्य

मनुष्य बिरादरी का जंगल बहुत घना हो चला है
बहुत डरावनी आवाजें आने लगी हैं
हादसे जघन्य हो चुके हैं
डरने या डराने की बात शोध का विषय है
सहन-शक्ति परीक्षा मात्र है
असफलताएँ साधारण मनुष्य की पहचान हैं
सफलताएँ मनुष्य को बड़ा बनाती हैं
सफल होने के आँकड़े संख्या नहीं उत्तेजना का पारामीटर हैं
जिसमें दानव और पशु-बल साथ है,
तीन-चार जैविक व्याख्याएँ ख़ुद में समेटा मनुष्य, मनुष्य है, संदेह है
जिसे बिरादरी का मुखिया मान लिया जाता है
मुखिया की गुणवत्ता आदर्श
इनसानियत, एकता और सदाचार
पुरानी पाटी की इबारतें मलिन हो गई हैं
मनुष्य से दुर-आचारी मनुष्य
समय के पन्ने में हिंसा है बवाल है, ज़ख्म है, सेंध है, हथियार है
जो जन-समूह की दर्दनाक आवाजों से
चमका रहा है रेत-घड़ी के शीशे
साफ़-साफ़ लिख रहा है लहू
बो रहा है लहू, खेल रहा है लहू, बहा रहा है लहू
तब तक जब तक कि लहू का रंग काला न हो जाए।

समाज में स्त्री-पुरुष

व्यवस्था के साथ
परंपराओं की आड़ में
रीति-रिवाजों पर चलते
संस्कृति की छाँव में
संस्कारों की जुगाली करते
पुरुष बसाना चाहते है घर...
सपनों की कल्पना में
प्रेम की डाल पर
तितलियों से प्रकाश में
धानी चूड़ियों की आवाज़ में
रेशम की नमी और कोमलता थामे
धमनियों में बहते रक्त की लाली संग
एक स्त्री बसाना चाहती है घर...

घर बसता है
व्यवस्था, परंपरा, रीति-रिवाज़, संस्कृति, संस्कारों को
बदलते हुए
स्वप्नों, कल्पना, प्रेम, प्रकाश, आवाज़, नमी, कोमलता और रक्त को
रखते हुए ताक पर
ये हर युग का बदलाव
वक्त के हस्ताक्षर पर
यंत्र चालित-सा उभरता सत्य है
बस पृथ्वी को घूमते चले जाना होता है
होते हुए सूर्य से प्रकाशित
परिवर्तन की नियति को स्वीकारते हुए
बसते हुए देखना जीव की नैसर्गिक पराकाष्ठा
समाज़ पर लगा वेदना का पैबंद
संतुष्टि की घोषणा का अघोषित सत्य।

चमगादड़

व्यवस्था
की ड़ाल पर
उलटा लटका आदमी
जाने कब से
देखे जाने का
सुख भोग रहा है
चुँधियाती रोशनी में
न देख पाने का ढोंग
भरी रोशनी में उसे
नंगा कर देती है
आदमी आदमी से नहीं
नंगेपन से डरता था

आज चमगादड़ बना आदमी
बेपरवाह
उलटे लटके
हर सुख भोगने की तर्ज पर
आकर्षण का केंद्र बना हुआ है
रेगिस्तान में
प्यासे सभी हैं
होड़ है लगी
कुचल जाना
कुचला जाना
कुचल कर जाना
एक ही मायने हैं
किसको किसकी नहीं पड़ी
वैसे ही हमाम में हर कोई...

प्यास और पानी

प्यास और पानी का रिश्ता
एक खुरदुरी सच्चाई को
झुठलाने की कोशिश करना
ही सही मायने में जीना है
जिसे हम नकारते हैं सारी ज़िंदगी
वैसे ज़िंदगी नकारना भी
बड़ी बात है
रहते हुए ज़िंदा।

वे मार देना चाहते हैं

वे मार देना चाहते हैं
उनके विचार
सच्चाई सामने ला पाने वाली
उनकी हिम्मत उनकी शक्ति
उनकी लेखनी
उनके मस्तिष्क से आती बू को भी
वे नहीं चाहते रहे ज़िंदा सद्भावना
बातों की सही या गलत फ़ेहरिस्त के साथ
हाशिये पे खड़े सारे लोग
सूनी गलियों के
तहख़ाने में दफ़न कर दिए जाएँगे
और साथ वह आवाज़ भी
जिसकी पुकार सात्विक करुणा के संग
जगाती है दिलो-दिमाग को।

देश बदल रहा है

देश बदल रहा है
लोग बदल रहे हैं
सोच बदल रही है
विचार बदल रहे हैं
विचारों के अंत में रह जाने वाला प्रश्न बदल रहा है
हम प्रश्नों को बदलने का सपना देख रहे हैं
जबकि प्रश्न हमें बदल रहा है
हम न चाहते हुए जवाब बनते जा रहे हैं
मूल्य का अवमूल्यन समझ रहे हैं सब
हाशिये में भेजा जा रहा है वह सब कुछ
जिसे मुख्य धारा में होना चाहिए
एक ख़बर है मानव बध के बदले पशुबध बचाया जा रहा है
हम क्रोध का गलत इस्तेमाल होते देख रहे हैं
जो समाज़ पर भारी पड़ रहा है
हमने अपनी संवेदना को निकाल कर रख दिया है
ज़िंदगी से बाहर हम जीने लगे हैं बिन आत्मा के
हमें हमारा ज़िंदा होना बड़ी देर में समझ आता है
जब हम चुक जाते हैं बिना आत्मा के
जबकि हमें बचाना है
समाज और देश को साथ आत्मा के।

नीलेश रघुवंशी

इस श्रृंखला की चौदहवीं कवि नीलेश रघुवंशी हैं। इनकी कविताएँ अपने पूरे अस्तित्व में विरोध की ही कविताएँ लगती हैं जिस तरह वे इस दुनिया को अपने पैमाने से नापती हैं। जिधर भी देखती हैं भेद ही भेद नज़र आता है। सत्ताएँ सत्ता को खेल और खेल को युद्ध में बदलती दिखती हैं। हर तरफ़ धर्म का शोर है जो माथे की शिराओं में तनाव पैदा कर रहा है, जीवन को पीड़ा के दरिया में उतार रहा है। ऐसे में इस पंक्ति का अर्थ किस क़दर ख़तरे में पड़ता दिखता है, 'मैं नदी-सा बहता जीवन जीना चाहती हूँ'। नदी पाट दी गई है, बाज़ार इतना फैल गया है कि शहर से ग़ुजरता हुआ जुलूस भी भीड़ का हिस्सा लगता है। प्रतिरोध को कुंद करती हुई पूँजीवादी व्यवस्था 'नई दुनिया का निर्माण' करने का स्वप्न भी नहीं देखने देना चाहती है। और जब इन सारी विपरीत परिस्थितियों को पैदा करने में स्त्रियाँ ही साथ देने लगें तब क्या होगा। कुछ विषम ही होगा। एक औरत ही जन्म लेते एक नन्ही जन्मी बच्ची का गला दबाती है और फिर मिट्टी में गाड़ देती है। नीलेश रघुवंशी की ऐसी कविताएँ पढ़ते हुए अंधकार का एक नया काला रंग दिख जाता है और आप एक आह से भर जाते हैं।

—सम्पादक

नीलेश रघुवंशी का जन्म 04 अगस्त, 1969 को मध्य प्रदेश के गंज बासौदा क़स्बे में हुआ।

उनके कविता-संग्रह है—'घर निकासी', 'पानी का स्वाद', 'अंतिम पंक्ति में', 'कवि ने कहा', 'खिड़की खुलने के बाद' उनके उपन्यास हैं— 'एक क़स्बे के नोट्स' और 'शहर से दस किलोमीटर'

कविता और उपन्यास के अलावा उन्होंने बच्चों के लिए नाटक और कई टेली-फिल्मों के लिए पटकथा-लेखन भी किया है। कई देशी-विदेशी भाषाओं में उनकी कविताओं का अनुवाद हो चुका है। 'एक क़स्बे के नोट्स' का अंग्रेज़ी 2019 में अनुवाद भी प्रकाशित।

उन्हें 'भारत-भूषण अग्रवाल पुरस्कार', 'आर्य स्मृति साहित्य सम्मान', 'दुष्यंत कुमार स्मृति सम्मान', 'केदार सम्मान', 'शीला स्मृति पुरस्कार', 'भारतीय भाषा परिषद कोलकाता का युवा लेखन पुरस्कार', 'स्पंदन कृति पुरस्कार', 'प्रेमचंद स्मृति सम्मान', 'शैलप्रिया स्मृति सम्मान' से सम्मानित किया गया।

फिलहाल वे दूरदर्शन केन्द्र, भोपाल में कार्यरत हैं।

इस लोकतंत्र में

मैं जीना चाहती हूँ
लेकिन
वैसे नहीं जैसे तुम चाहते हो
मैं पेड़ को पेड़ कहना चाहती हूँ
उसके हरेपन और नए पत्तों में
खिल जाना चाहती हूँ
तुम उसके इतिहास में जाकर कहते हो
ये हमारे मूल का नहीं
तुम पेड़ की मूल प्रजाति में विश्वास करते हो
मुझे पेड़ के संग हरियाने से रोकते हो

जिस दिन गिलहरी ने
अपना घोंसला बनाया पेड़ में
उस दिन से मेरा मन पेड़ के भीतर रहने लगा
गिलहरी कहीं भी किसी भी जगह गाँव-देश परदेश में
बना सकती है किसी भी पेड़ पर अपना घर
एक गिलहरी दूसरी गिलहरी से
कभी नहीं पूछती—तुम्हारा पूरा नाम क्या है

मैं नदी-सा बहता जीवन जीना चाहती हूँ
तुम हो कि नदी को घाट से पाट देना चाहते हो
वाल्मीकि घाट पर खड़े हो झाँकती हूँ नदी में
तुमने नदी को नदी से पाट दिया
किसी एक को राष्ट्रीय बग्गी में सुशोभित करते हो
लेकिन
हम सतरंगी सपनों के संग घोड़ी पर भी नहीं बैठ सकते

तुमने हमसे हमारे द्वीप छीने
सारा नमक ले लिया और सबसे ज्यादा
खारेपन की उम्मीद हमीं से करते हो
देश का संविधान कहता है
हमें वोट देने का अधिकार है
तुम कहोगे लोकतंत्र में ऐसा ही होता है
मैं कहती हूँ
जब नदी को नदी, पेड़ को पेड़ और
अँधेरे को अँधेरा नहीं कह सकते तो
इस लोकतंत्र में
किससे कहूँ अपने मन की बात।

समय और मुश्किल

ये मेरा समय है
जिसमें दर्ज नहीं मेरा होना
मेरा रहना, मेरा कहना

मैं चुप हूँ
मैं बहुत बोलती हूँ
मैं वैसा नहीं कहती
जैसा तुम चाहते हो

चुप तो मुश्किल
कहो तो मुश्किल
जागो तो मुश्किल
सोओ तो मुश्किल।
ये कैसा समय है
जिसमें
दूध की मुस्कान में भी खोजे जाते हैं अर्थ
जिसमें चुप को कहना
और
कहने को चुप समझा जाता है।

खेल और युद्ध

खेल को खेल की तरह खेलो
खेल को युद्ध में मत बदलो
खेल की आड़ में युद्ध-युद्ध खेलोगे
तो मैदान नहीं बचेंगे फिर
बिना खेल मैदान के
पहचाने जाएँगे हम ऐसे देश के रूप में
जो युद्ध को एक खेल समझता है
और इस तरह खेल की आड़ में
देश को युद्ध की आग में झोंकता है।

अँधेरे में अँधेरे से

मुझे तारे बहुत अच्छे लगते हैं
क्योंकि वो एक नहीं बहुत सारे होते हैं
मैं अकेली, कितनी अकेली हूँ
आसपास फैले शोर को चीरती हुई
बहुत जोर से चीखना चाहती हूँ
लड़ना चाहती हूँ
लेकिन किससे लड़ूँ और कैसे लड़ूँ
रोशनी की आड़ में छिपा अँधेरा हँसता है
मैं अँधेरे में अँधेरे से लड़ती हूँ
दूर कहीं एक तारा टूटता है
भीतर कहीं कुछ चटकता है
लड़ना बिखरता है, चुप्पी पसरती है
एक नहीं
हज़ार चोर दरवाज़े हैं
किसी एक में मुझे भी घुस जाना है।

हिकारत

जीने का अधिकार हमें भी है
हमारे हिस्से का भोजन हमें दो
तेज हार्न और गाड़ियों की आवाज़ के बीच
गुम हो रहे हैं नारे
हिकारत से देखते रैली-जुलूस को
गाड़ी का एक्सीलैटर बढ़ाते हुए
मन-ही-मन बुदबुदा रहे हैं लोग गालियाँ
तख्ती पर लिखी इबारत पर कैसा तंज
'इनको क्या
'सबको रोटी सबको काम मजाक समझ रखा है'
'स्कूल की छुट्टी होने वाली है और पता नहीं
ये ट्रेफिक जॉम कब खत्म होगा'
ऑटो निकालने की जुगत में
बची हुई जगह में फँस गया वह
'ओए
तुझे बहुत जल्दी है तो उड़कर चला जा
इन ऑटो रिक्शों को तो बंद होना चाहिए'
चार गाड़ियों की जगह घेरे हुए
बड़ी-सी कार वाला चीख पड़ा है बुरी तरह

चमक रही हैं तख्तियाँ
'पानी बचाओ, जल, जंगल, ज़मीन बचाओ'
'इस जोर जुल्म की धरती पर संघर्ष हमारा नारा है'
नारे लगाते हुए
जुलूस बैठ गया है सड़क के बीचोबीच
'ये, ये देखो, बैठ गए तंबू तान के
बैठे-ठाले की राजनीति करते हैं ये एन जी ओ वाले
एकाध दिन की बात हो तो मान भी जाओ
हर दूसरे दिन का तमाशा है
इनके तो सारे फंड बंद हो जाने चाहिए।'

कितनी आवाजें, कितनी गलतफ़हमियाँ, कितना शोर
इसी चक्काजाम में घूम रहे हैं बच्चे
गिड़गिड़ाते हुए हाथ में फटा पुराना कपड़ा लिये
गाड़ियों पे झूमते, बोनट पर कपड़ा फेरते
ए. सी. गाड़ियों के ग्लास से रगड़ खाते
कोई उन्हें दुत्कार रहा है तो कोई कर रहा है हँसी ठिठोली
'अबे यहाँ क्या कर रहा है
वहाँ उस तंबू में जाकर बैठ
तेरा दिन भर का जुगाड़ हो जाएगा
चल फूट यहाँ से'

क्या हड़तालें और जुलूस
बीते युग की बातें होने जा रही हैं
हड़ताल, धरना, चक्काजाम, विरोध प्रस्ताव
प्रतिरोध और
ऐसी नहीं वैसी दुनिया चाहिए
कहने का कौन सा कारगर तरीक़ा होगा
जिससे संभव हो सके
एक नई दुनिया का निर्माण

ऐसी दुनिया
जिसमें किसी के हिस्से न आए हिक़ारत।

मेरा देश

मेरे लिए देश के मायने
तीन कमरों का घर है मेरा
तीन कमरों में रहने वाले छह जन
देशवासी हैं मेरे
पड़ोसी घर और मेरे घर के बीच की दीवार
दो देशों के बीच की सरहद है मेरे लिए

कँटीले तार पर बैठी चिड़िया
प्रवासी पक्षी मालूम होती है मुझे
अब देशप्रेम की बात बीच में कहाँ से आ गई
न चाहते हुए भी छह जन एक साथ रह रहे हैं
तो उनके बीच प्रेम का कोई तो अर्थ होगा
चाहें तो इसे अर्थ प्रेम भी कह सकते हैं
देश प्रेम और अर्थ प्रेम
तराजू के दोनों पलड़े हैं भारी

देश से प्रेम करने के लिए
दायर नहीं की जा सकती जनहित याचिका
सूचना के अधिकार के तहत भी
नहीं झाँक सकते किसी के दिल में
देश को देखने के लिए
जितना बड़ा है देश मेरा
उतनी ही छोटी सोच है मेरी।

शोर

कानफोड़ू शोर से तड़कती हैं नसें
जाने कितनी कीलें गढ़ती हैं मेरे भीतर
यह शोर मेरी नसों को फाड़ डालेगा
मेरे संग धरती भी काँपती है
दीवारें भी इस शोर के आगे नतमस्तक हैं
सारे के सारे वृक्ष ढूँढ़ते हैं
अपने लिए कोई और ठिया
आकाश ख़ुद से मुँह छिपाता रेंगता फिरता है।
रो रहे हैं सारे प्रतीक इस शोर में
आसान नहीं इससे पार पाना
यह शोर
धर्म का शोर है।

हत्यारे

आएँगे हत्यारे
और ग़ायब हो जाएँगे
पल भर में जुगनू की तरह हँसते-गाते दिन
चेहरे खुले होंगे हत्यारों के
नहीं होंगे नक़ाब
तलाशेंगे बच्चे उनमें परिचित चेहरा
औरतें करेंगी कुछ याद करने की कोशिश
पर पहचाने नहीं जाएँगे हत्यारे
हत्यारे सिर्फ़ हत्यारे होंगे
हत्यारों का निशाना होंगे अब
खुले मैदान और फूलों से भरे बगीचे
ले जाएँगे वे अपने साथ
त्योहारों से भरे दिन
होते हैं हत्यारे फ़िराक़ में
नई-नई इच्छाओं नये-नये स्वप्नों के

एक दिन
सारे उत्सव और त्योहार
होंगे हत्यारों की झोली में।

साँकल

कितने दिन हुए
किसी रैली-जुलूस में शामिल हुए बिना
दिन कितने हुए
किसी ज़ुल्म जोर जबरदस्ती के खिलाफ़
नहीं लगाया कोई नारा
हुए दिन कितने नहीं बैठी धरने पर
किसी सत्याग्रह, पदयात्रा में नहीं चली जाने कितने दिनों से

'कैंडल लाइट मार्च' में तो शामिल नहीं हुई आज तक
तो क्या
सब कुछ ठीक हो गया है अब
इन दिनों क्या करना चाहिए
ऐसी ही आवाज़ों के बारे में बढ़-चढ़कर लिखना चाहिए
'चुप' लगाकर घर में बैठे रहना चाहिए
या इतनी जोर से हुँकार भरना चाहिए कि
निर्लज्जता से डकार रहे हैं जो दूसरों के हिस्से
उठ सके उनके पेट में मरोड़
यह और बात है कि
सड़कें इतनी छोटी और दुकानें इतनी फैल गई हैं कि
जुलूस भी तब्दील हो जाते हैं भीड़ में

विरोध के बिना जीवन कैसा होगा
घर के दरवाज़े पर साँकल होगी
लेकिन उसमें खटखटाहट ना होगी
साँकल खटखटाए बिना दरवाज़े के पार जाएँगे
तो चोर समझ लिये जाएँगे
चाँद आधा निकला होगा और कहा जाएगा हमसे
कहो—पूरा निकला चाँद है।

संबोधन

दर्द और राहत एक हो गए
चीख़ और कराह घुल-मिल गए
जन्म देने की प्रक्रिया पूरी हुई
सयानापन और सन्नाटा उठ खड़े हुए
रोने की पहली आवाज़ सुने बिना माँ बेसुध हुई
क्या हुआ, क्या हुआ की आकुलता इतनी भयानक कि
घर की स्त्रियों में 'क्या हुआ' को लेकर द्वंद्व मच गया
बूढ़ी सयानी दाई रो पड़ी
थरथराते हाथों से सर पर कलश रखते

देहरी पार की उसने
लड़के के जन्मने पर 'जय श्री कृष्ण '
लड़की के जन्मने पर 'जय माता दी'
हर प्रसव के बाद इसी तरह बताना होता है
लड़का हुआ है कि लड़की हुई है
कलश का पानी छलका
जिसने शब्दों और अर्थों को पानी-पानी कर दिया
देहरी पार कहती है दाई 'जय माता दी
बरात द्वारे आई है बिठाना है कि लौटाना है'
'लौटाना है, लौटाना है जय माता दी'
'मद्धिम स्वर में एक मत से बोल उठा समूह'
'हे देवी
हमारे यहाँ न पधारो, प्रस्थान करो, प्रस्थान करो'
'देव की पूजा, देवी से प्रार्थना
साधारण मानुष का जन्म लेते ही वध
दाई ने सर पर रखे कलश को
पेड़ से टूटे पत्ते की तरह गाड़ दिया ज़मीन में
चाँद पेड़ की ओट में छिप गया
अँधेरे का फायदा उठाते अपने नवजात बच्चे को
दाँतों के बीच दबाए बिल्ली दबे पाँव निकल गई
माँ के कंठ से निकली रूलाई ने
प्रसव कक्ष में बिना तकिए के दम तोड़ दिया
एक स्त्री ने स्त्री को जन्म दिया
स्त्री की स्त्री से नाल एक स्त्री ने काटी
एक स्त्री ने स्त्री को ज़मीन में गाड़ दिया
पितृसत्ता का कैसा भयानक कुचक्र कि
स्त्री ने ही स्त्री का समूल नाश किया
यह किसी मध्ययुगीन नाटक का दृश्य नहीं
आधुनिक जीवन का दृश्य है
जिसमें आज भी निर्णायक पुरुष मूकदर्शक है।

निर्मला पुतुल

निर्मला पुतुल का जन्म 06 मार्च, 1972 को दुमका, संताल परगना, झारखंड में हुआ प्रारम्भिक शिक्षा दुमका से हुई। राजनीतिशास्त्र में स्नातक और नर्सिंग में डिप्लोमा किया। हिन्दी और अंग्रेज़ी के अलावा वे संताली, नागपुरी, बांग्ला, खोरठा, भोजपुरी, अंगिका भाषाएँ भी जानती हैं।

वे ग्रामीण, पिछड़ी, दलित, आदिवासी, आदिम जनजाति महिलाओं के बीच शिक्षा एवं जागरूकता के लिए समर्पित हैं।

उनकी प्रमुख कृतियाँ हैं—'ईकोको ओडाक् सेंदरा रे', 'ओनोंड़हें' (संताली) 'नगाड़े की तरह बजते शब्द', एन.सी.ई.आर.टी. की पाठ्यपुस्तकों में उनकी कविताएँ शामिल हैं। कई भारतीय भाषाओं में उनकी कविताओं के अनुवाद हुए हैं। दूरदर्शन और आकाशवाणी से उनकी रचनाओं का प्रसारण भी हुआ है।

उन्हें हिन्दी अकादमी, नई दिल्ली द्वारा 'साहित्य सम्मान', झारखंड सरकार द्वारा 'राजकीय सम्मान', 'विनोबा भावे सम्मान', 'हेराल्ड सैमसन टोपनो स्मृति सम्मान', राष्ट्रीय युवा पुरस्कार; आदि कई पुरस्कारों से पुरस्कृत किया जा चुका है।

सम्प्रति : सचिव, जीवन रेखा।

निर्मला पुतुल इस श्रृंखला की पंद्रहवीं कवि हैं। इनकी कविताएँ विद्रोह की ऐसी यादें लेकर अपने को प्रस्फुटित होने देती हैं जिनसे इनका हरापन बना रहता है। बिरसा मुंडा को आख़िर ये कैसे भूल सकती हैं जिन्होंने आदिवासी जीवन की गरिमा और स्वतंत्रता की लड़ाई लड़ी। वही जीवन तो अब बिलाता जा रहा है। शहरी लोगों को इस जीवन का सब कुछ हेय लगता है सिवाय इनकी स्त्रियों की गदराई देह के। निर्मला पुतुल की कविताओं में भी लोग 'तलाशते हैं मेरी देह' का अंतर्नाद है। सब्जियों, फल, पुष्ट अनाज और मुर्गियों के अलावा इनको प्रताड़ित करने वालों को इनकी स्त्रियों का मांस भी चाहिए। निर्मला पुतुल की इन कविताओं को पढ़ते हुए अपनी ही अमानुषिकता का तीक्ष्ण अहसास होता है जो इनके हिस्से आई। ये कविताएँ अंतरात्मा में छेद कर देती हैं। फिर भी अभी बहुत कुछ बचाने को बचा है, वो कहती हैं। लगभग अपनी पूरी उदारता खर्च कर इस मुहिम में सबको साथ आना चाहिए, यह उनका आग्रह है। नगाड़े की तरह बजती सार्थक ये कविताएँ हैं।

—सम्पादक

अपने घर की तलाश में

अंदर समेटे पूरा का पूरा घर
मैं बिखरी हूँ पूरे घर में
पर यह घर मेरा नहीं है
बरामदे पर खेलते बच्चे मेरे हैं
घर के बाहर लगी नेम-प्लेट मेरे पति की है
मैं धरती नहीं, पूरी धरती होती है मेरे अंदर
पर यह नहीं होती मेरे लिए
कहीं कोई घर नहीं होता मेरा
बल्कि मैं होती हूँ स्वयं एक घर
जहाँ रहते हैं लोग निर्लिप्त
गर्भ से लेकर बिस्तर तक के बीच
कई-कई रूपों में...
धरती के इस छोर से उस छोर तक
मुट्ठी भर सवाल लिये मैं
छोड़ती-हाँफती-भागती
तलाश रही हूँ सदियों से निरंतर
अपनी ज़मीन, अपना घर
अपने होने का अर्थ!

कुछ मत कहो सजोनी किस्कू

बस! बस!! रहने दो!
कुछ मत कहो सजोनी किस्कू!
मैं जानती हूँ सब
जानती हूँ कि अपने गाँव बागजोरी की धरती पर

जब तुमने चलाया था हल
तब डोल उठा था
बस्ती के माँझी-थान में बैठे देवता का सिंहासन
गिर गई थी पुश्तैनी प्रधानी कुर्सी पर बैठे
मगज़हीन 'माँझी हाड़ाम' की पगड़ी
पता है बस्ती की नाक बचाने ख़ातिर
तब बैल बनाकर हल में जोता था
ज़ालिमों ने तुम्हें
खूँटे में बाँधकर खिलाया था भूसा
वे भूल गए
संथाल-विद्रोह के समय
जब छोड़ गए थे तुम पर सारा घर-बार
तुम्हीं ने किए थे तब हल जोतने से लेकर
फसल काटने तक के सारे कार्य-व्यापार
तब नहीं गिरी थी उनकी पगड़ी
धरती नहीं पलती थी तब
कटी नहीं थी किसी की नाक
आज धनुष छूते ही तुम्हारे
धरती पलट जाएगी
मच जाएगा प्रलय सजोनी किस्कू
मत छूना धनुष!
घर चू रहा है तो चूने दो
छप्पर छाने मत चढ़ना
'जातीय टोटम' के बहाने
पहाड़पुर की 'प्यारी हेंब्रम' की तरह
तुम्हारी मदद पाने वाला भी करेगा तुमसे जानवराना बलात्कार
और नाक-कान काट धकिया निकाल फेंकेगा घर से बाहर

हक़ की बात न करो मेरी बहन
मत माँगो पिता की संपत्ति पर अधिकार
ज़िक्र मत करो पत्थरों और जंगलों की अवैध कटाई का
सूदख़ोरों और ग्रामीण डॉक्टरों के लूट की चर्चा न करो, बहन
मिहिजाम के गोआकोला की
सुबोधिनी मारंडी की तरह तुम भी

अपने मगज़हीन पति द्वारा
भरी पंचायत में डायन करार कर दंडित की जाओगी
माँझी हाड़ाम पराणिक गुड़ित ठेकेदार, महाजन और
जान-गुरुओं के षड्यंत्र का शिकार बन
इन गूँगे-बहरों की बस्ती में
किसे पुकार रही हो सजोनी किस्कू?
कहाँ लगा रही हो गुहार?
यहाँ तो जाहेर और माँझीथान के देवता भी
बिक जाते हैं बोतल भर दारू में
और फिर उन्हें स्वीकार भी तो नहीं है
तुम्हारे हाथों का चढ़ावा
देखो, कहीं कोई सुन न ले तुम्हारी फुसफुसाहट
पड़ न जाए कहीं किसी 'पराणिक' की दृष्टि
गूँज उठे न बस्ती में 'गुड़ित' का हाँका
भरी पंचायत में सरेआम
नचा न दी जाओ नंगी पकलू मरांडी की तरह

बस रहने दो
कुछ मत कहो सजोनी किस्कू
सब जानती हूँ मैं! सब जानती हूँ!!

वह जो अकसर तुम्हारी पकड़ से छूट जाता है

एक स्त्री पहाड़ पर रो रही है
और दूसरी स्त्री
महल की तिमंजिली इमारत की खिड़की से बाहर
झाँक कर मुस्कुरा रही है
ओ, कविगोष्ठी में स्त्रियों पर कविता पढ़ रहे कवियो!
देखो कुछ हो रहा है
इन दो स्त्रियों के बीच छूटी हुई जगहों में
इस कहीं कुछ हो रहे को दर्ज़ करो
कि वह अक्सर तुम्हारी पकड़ से छूट जाता है

एक स्त्री गा रही है
दूसरी रो रही है
और इन दोनों के बीच खड़ी एक तीसरी स्त्री
इन दोनों को बार-बार देखती कुछ सोच रही है
ओ, स्त्री-विमर्श में शामिल लेखको
क्या तुम बता सकते हो
यह तीसरी स्त्री क्या सोच रही है?
एक स्त्री पीठ पर बच्चा बाँधे धान रोप रही है
दूसरी सरकार गिराने और बनाने में लगी है

ओ, आदिवासी अस्मिता पर बात करने वाली
झंडाबरदार औरतो,
इन पंक्तियों के बीच
गुम हो गई उन औरतों का पता मालूम है
जिनका नाम तुम्हारी बहस में शामिल नहीं है!

क्या हूँ मैं तुम्हारे लिए

क्या हूँ मैं तुम्हारे लिए...?
एक तकिया,
कि कहीं से थका-मांदा आया और सिर टिका दिया
कोई खूँटी
कि ऊब, उदासी थकान से भरी कमीज़ उतारकर टाँग दी
या आँगन में तनी अरगनी
कि कपड़े लाद दिए
घर,
कि सुबह निकला और शाम लौट आया
कोई डायरी,
कि जब चाहा कुछ न कुछ लिख दिया
या ख़ामोशी-भरी दीवार
कि जब चाहा वहाँ कील ठोंक दी
कोई गेंद,

कि जब तब जैसे चाहा उछाल दी
या कोई चादर
कि जब जहाँ जैसे तैसे ओढ-बिछा ली
क्यूँ? कहो, क्या हूँ मैं तुम्हारे लिए?

उतनी ही जनमेगी निर्मला पुतुल

यह तो लगी है आग
इस छोर से उस छोर तक
तुम्हारी व्यवस्था में
उसमें जल रही हूँ मैं
और रह-रहकर भड़क रही है
मेरे भीतर आग...
इसलिए चुप नहीं रहूँगी अब
उगलूँगी तुम्हारे विरुद्ध आग
तुम मना करोगे जितना
उतनी ही ज़ोर से चीख़ूँगी मैं
मुझे पता है
झल्लाकर उठाओगे पत्थर
और दे मारोगे सिर पर मेरे
पर याद रहे
नहीं टूटूँगी इस बार
बिखरूँगी नहीं तिनके की भाँति
तुम्हारे भय की आँधी से
अबकी फूटेगा नहीं मेरा सिर
चकनाचूर हो जाएँगे बल्कि
तुम्हारे हाथ के पत्थर
और अगर किसी तरह हारी इस बार भी
तो कर लो नोट दिमाग़ की डायरी में
आज की तारीख़ के साथ
कि गिरेंगी जितनी बूँदें लहू की धरती पर

उतनी ही जनमेगी निर्मला पुतुल
हवा में मुट्ठी-बँधे हाथ लहराते हुए!

ये वे लोग हैं जो...

ये वे लोग हैं जो
मुझे देख नाक-भौं-सिकोड़ते हैं
और अपनी गोरी चमड़ी से ढँके चलते हैं
अपना कालापन
ये वे लोग हैं जो दिन के उजाले में
मिलने से कतराते
और रात के अँधेरे में
मिलने का माँगते आमंत्रण
ये वे लोग हैं जो रात का लबादा ओढ़े
शहर के आख़िरी छोर पर
गिरा अपने अंदर की सारी गंदगी
गंदला रहे हैं हमारी बस्तियाँ

ये वे लोग हैं जो खींचते हैं
हमारी नंगी-अधनंगी तस्वीरें
और संस्कृति के नाम पर
करते हैं हमारी मिट्टी का सौदा
उतार रहे हैं बहस में हमारे ही कपड़े
ये वे लोग हैं
जो हमारे ही नाम पर लेकर
गटक जाते हैं हमारे हिस्से का समुद्र
ये वे लोग हैं जो मुँह पर
करते हैं मेरी बड़ाई
और पीठ-पीछे की फुसफुसाहटों में देते हैं
बदनाम, बदचलन औरत की संज्ञा
ये वे लोग हैं

जो हमारे बिस्तर पर करते हैं
हमारी बस्ती का बलात्कार
और हमारी ही ज़मीन पर खड़े हो
पूछते हैं हमारी औकात!

ये वे लोग हैं
जो मेरी कविताओं में भी तलाशते हैं
मेरी देह!

मेरा सब कुछ अप्रिय है उनकी नज़र में

वे घृणा करते हैं हमसे
हमारे कालेपन से
हँसते हैं, व्यंग्य करते हैं हम पर
हमारे अनगढ़पन पर कसते हैं फब्तियाँ
मज़ाक़ उड़ाते हैं हमारी भाषा का
हमारे चाल-चलन रीति-रिवाज़
कुछ पसंद नहीं उन्हें
पसंद नहीं है, हमारा पहनावा-ओढ़ावा
जंगली, असभ्य, पिछड़ा कह
हिक़ारत से देखते हैं हमें
और अपने को सभ्य श्रेष्ठ समझ
नकारते हैं हमारी चीज़ों को

वे नहीं चाहते
हमारे हाथों का छुआ पानी पीना
हमारे हाथों का बना भोजन
सहज ग्राह्य नहीं होता उन्हें
वर्जित है उनके घरों में हमारा प्रवेश
वे नहीं चाहते सीखना
हमारे बीच रहते, हमारी भाषा

चाहते हैं, उनकी भाषा सीखें हम
और उन्हीं की भाषा में बात करें उनसे
उनका तर्क है कि
सभ्य होने के लिए ज़रूरी है उनकी भाषा सीखना
उनकी तरह बोलना-बतियाना
उठना-बैठना
ज़रूरी है सभ्य होने के लिए उनकी तरह पहनना-ओढ़ना

मेरा सब कुछ अप्रिय है उनकी नज़र में
अप्रिय,
मेरे पसीने से पुष्ट हुए अनाज के दाने
जंगल के फूल, फल, लकड़ियाँ
खेतों में उगी सब्ज़ियाँ
घर की मुर्गियाँ

उन्हें प्रिय है
मेरी गदराई देह
मेरा मांस प्रिय है उन्हें!

एक बार फिर

एक बार फिर
हम इकट्ठे होंगे
विशाल सभागार में
किराए की भीड़ के बीच
एक बार फिर
ऊँची नाक वाली
अधकटे ब्लाउज पहने महिलाएँ
करेंगी हमारे जुलूस का नेतृत्व
और प्रतिनिधित्व के नाम पर
मंचासीन होंगी सामने
एक बार फिर

किसी विशाल बैनर के तले
मंच से खड़ी माइक पर वे चीख़ेंगी
व्यवस्था के विरुद्ध
और हमारी तालियाँ बटोरतीं
हाथ उठा कर देंगी साथ होने का भरम

एक बार फिर
शब्दों के उड़न-खटोले पर बिठा
वे ले जाएँगी हमें संसद के गलियारों में
जहाँ पुरुषों के अहम से टकराएँगे हमारे मुद्दे
और चकनाचूर हो जाएँगे
उसमें निहित हमारे सपने

एक बार फिर
हमारी सभा को संबोधित करेंगे
माननीय मुख्यमंत्री
और हम गौरवान्वित होंगे ख़ुद पर
अपनी सभा में उनकी उपस्थिति से
एक बार फिर
बहस की तेज़ आँच पर पकेंगे नपुंसक विचार
और लिये जाएँगे दहेज़-हत्या, बलात्कार, यौन उत्पीड़न
वेश्यावृत्ति के विरुद्ध मोर्चाबंदी कर
लड़ने के कई-कई संकल्प
एक बार फिर
अपनी ताक़त का सामूहिक प्रदर्शन करते
हम गुज़रेंगे शहर की गालियों से
पुरुष-सत्ता के खिलाफ़
हवा में मुट्‌ठी बाँधे हाथ लहराते
और हमारे उत्तेजक नारों की ऊष्मा से
गरम हो जाएगी शहर की हवा

एक बार फिर
सड़क के किनारे खडे मनचले सेकेंगे अपनी आँखें

और रोमांचित होकर बतियाएँगे आपस में कि
यार, शहर में बसंत उतर आया है
एक बार फिर
जहाँ शहर के व्यस्ततम चौराहे पर
इकट्ठे होकर हम लगाएँगे उत्तेजक नारे
वहीं दीवारों पर चिपके पोस्टरों में
ब्रा-पेंटी वाली सिने-तारिकाएँ
बेशर्मी से नायक की बाँहों में झूलती
दिखाएँगी हमें ठेंगा
धीर-धीरे ठंडी पड़ जाएगी भीतर की आग
और एक बार फिर
छितरा जाएँगे हम चौराहे से
अपने-अपने पति और बच्चों के
दफ़्तर व स्कूल से लौट आने की चिंता में।

माँ के लिए, ससुराल जाने से पहले...

माँ!
चली जाऊँगी एक दिन छोड़कर
तुम्हारा घर-आँगन
बरतुहारी जो कर आई हो
तुम
रस्सी में गाँठ-सी
बाँध जो आई हो मेरी शादी की तिथि!
पर क्या सचमुच
जा सकूँगी पूरी की पूरी यहाँ से?
आँगन में पड़े टूटे झाड़ू-सा
पड़ी रह जाऊँगी कुछ-न-कुछ यहाँ
बची रह जाऊँगी
गोहाल में गोबर फेंकने के डलिये में
सटे गोबर की तरह
पानी के ख़ाली घड़े में

भरी रह जाएँगी मेरी यादें
जंगल से लाई लकड़ियों के गट्ठर में बँधी
रस्सी की तरह
बँधी रह जाऊँगी तुमसे

सोचती हूँ,
कौन दबाएगा अब तुम्हारे पाँव?
थके-माँदे वापस लौटे बापू को
कौन देगा अगुवाकर लोटा भर पानी?
कौन लाएगा जंगल से बीनकर लकड़ियाँ?
गायों को चराने कौन ले जाएगा?
प्यासा रह जाएगा घड़ा
खूँटे में बँधी बकरियाँ
मिमियाकर बुलाएँगी मुझे
और यह जो लगा रही हूँ पेड़
खिलेंगे एक दिन इसमें फूल
और मुरझा-मुरझाकर गिर जाएँगे
मेरे खोपे की आस में
तब क्या रोओगी नहीं मुझे याद कर?

आधी रात को
बेर गाछ पर बैठे,
पंडुक चिड़िया-सी
कू-कू कुहुकोगी नहीं
मेरी याद में?
बड़का भैया तो डूबा रहेगा हड़िया में
छोटका गुलेल लेकर पड़ा रहेगा
चिड़िया-चिरगुन के पीछे
बापू भी चला जाएगा खेत
तुम रह जाओगी निपट अकेली घर में
चटाइयाँ बुनती
और ऐसे में जब लगेगी प्यास
उठना चाहकर उठ नहीं पाओगी

बार-बार निहारोगी घड़े
झाँकोगी इधर-उधर
तब क्या याद नहीं आएगी मेरी?
कहो न माँ,
याद नहीं आएगी मेरी?

आओ, मिलकर बचाएँ

अपनी बस्तियों को
नंगा होने से
शहर की आबो-हवा से बचाएँ उसे
अपने चेहरे पर
संथिल परगान की माटी का रंग
बचाएँ डूबने से
पूरी की पूरी बस्ती को
हड़िया में
भाषा में झारखंडीपन
ठंडी होती दिनचर्या में
जीवन की गर्माहट
मन का हरापन
भोलापन दिल का
अक्खड़पन, जुझारूपन भी
भीतर की आग
धनुष की डोरी
तीर का नुकीलापन
कुल्हाड़ी की धार
जंगल की ताज़ी हवा
नदियों की निर्मलता
पहाड़ों का मौन
गीतों की धुन
मिट्टी का सोंधापन
फसलों की लहलहाहट

नाचने के लिए खुला आँगन
गाने के लिए गीत
हँसने के लिए थोड़ी-सी खिलखिलाहट
रोने के लिए मुट्ठी भर एकांत
बच्चों के लिए मैदान
पशुओं के लिए हरी-हरी घास
बूढ़ों के लिए पहाड़ों की शांति
और इस अविश्वास-भरे दौर में
थोड़ा-सा विश्वास
थोड़ी-सी उम्मीद
थोड़े-से सपने
आओ, मिलकर बचाएँ
कि इस दौर में भी बचाने को
बहुत कुछ बचा है
अब भी हमारे पास!

सीमा आज़ाद

5 अगस्त, 1975 को जन्मीं सीमा आज़ाद 'दस्तक नये समय की' द्वैमासिक पत्रिका की सम्पादक हैं। वे सामाजिक कार्यकर्ता हैं और मानवाधिकार संगठन पीयूसीएल से जुड़ी हैं।

उनकी प्रमुख पुस्तकें हैं— 'ज़िंदानामा', 'चाँद तारों के बग़ैर एक दुनिया' (जेल डायरी); 'सरोगेट कंट्री' (कहानी-संग्रह); 'औरत का सफ़र : जेल से जेल तक' (जेल की सत्ताईस औरतों की कहानी) उनके लेख, कहानियाँ, कविताएँ विभिन्न साहित्यिक पत्रिकाओं में प्रकाशित हैं।

उन्हें कविता के लिए 2012 के 'लक्ष्मण प्रसाद मंडलोई स्मृति सम्मान' और 'औरत का सफ़र : जेल से जेल तक' के लिए 2021 के 'लाडली मीडिया पुरस्कार' से सम्मानित किया गया है।

स्त्री प्रतिरोध की सोलहवीं कवि सीमा आजाद हैं। युवा पीढ़ी की इस कवि के पास एक राजनीतिक चेतना है जिसके आईने में समाज में व्याप्त हर तरह के अन्याय साफ़-साफ़ दिखते हैं। स्त्रियों के साथ घटती हिंसा की घटनाएँ पुरानी हैं, इनकी नई मिसालें भी वह पेश करती हैं। सत्ताएँ टिकी ही हैं हिंसाओं पर; अन्याय ही जैसे यहाँ फलित हो पाते हैं। धर्म भी इसी व्यवस्था को चलाने और बचाने-भर के लिए बचे हैं। इन कविताओं को पढ़ते हुए यथास्थिति से मोहभंग की सहज स्थिति मन में बनती है। परिवर्तन की सच्ची माँग करती हैं ये कविताएँ!

—सम्पादक

जेल

ब्रह्मांड की तरह फैलते
मेरे वजूद को
तुमने समेट दिया
तीन फुट चौड़ी आठ फुट लंबी
कब्र जैसी सीमेंटेड सीट में
मैने इसके एक कोने में
सज़ा लिया
अमलतास के लहलहाते फूलों का गुच्छा
बेला के फूलों की खुशबू से तर कर डाला
सलाखों को
दीवार पर सज़ा दिया
नदी, पहाड़, जंगल, पशु-पक्षी
और
तारीख़ों जड़ा रंगीन कैलेंडर
होसे मारिया सिसो की कविता का पोस्टर
चिपका दिया है ठीक आँख के सामने
इन सबके ऊपर सजी है
भगत सिंह और चेग्वेरा की तस्वीरें
प्रेरणा और हौसले के लिए
इस तरह मैंने
तुम्हारी दी हुई
तीन फुट चौड़ी और आठ फुट लंबी सीमेंटेड कब्र को
पूरी एक दुनिया में बदल डाला है।

राजसमंद

जी हाँ,
वो विक्षिप्त है
उसे भगवा राष्ट्र के विचार ने विक्षिप्त बना दिया
जी हाँ,
वो नशेड़ी है
मनुस्मृति की एक ख़ुराक लेता है हर रोज़
हाँ जी,
स्त्रियों का रक्षक भी है वो
नशे की उस ख़ुराक से ही
ये सद् विचार आते हैं उसके दिमाग़ में—
'बचपन में पिता,
जवानी में पति
वृद्धावस्था में पुत्र का संरक्षण है जरूरी,
स्त्रियाँ स्वतंत्र होने के लायक नहीं'

हाँ जी,
हिंसक भी है वो
क्योंकि भगवा राष्ट्र में
प्रेम ही होता है
हत्या और दंगे की वजह
और प्रेम है
कि होता जा रहा है
जी हाँ,
हत्या का वीडियो भी बनाया उसने
क्योंकि वो नहीं चाहता था
कि
हत्या का क्रेडिट मिल जाए
किसी दूसरे भगवा विक्षिप्त को
और वही ले उड़े
सरकारी ओहदा और उपहार

हाँ जी,
वीडियो को जन-जन तक पहुँचाया
आंदोलनों की खबरों को ब्लॉक कर देने वाली
जुकरबर्ग़िया टीम ने
ताकि
सहम जाएँ हम
या
बढ़ जाए हिंसा बर्दाश्त करने की क्षमता
या फिर ओत-प्रोत हो जाएँ
भगवा हिंसा की इस झाँकी से

जी हाँ,
सहम गए हम
लेकिन डर अक्सर बदल जाता है
गुस्से में

लो जी,
गुस्सा बढ़ गया हमारा
तुम्हारे भगवा राष्ट्र के खिलाफ़।

आई कांट ब्रीद

मुझे घुटन हो रही है
सदियाँ बीत गईं
मेरे फेफड़े नहीं भर सके ताज़ी हवा से
जार्ज फ्लॉयड
केवल तुम नहीं
हम भी साँस नहीं ले पा रहे हैं

गाँवों के बजबजाते दक्खिन टोले में
महानगरों के विषैले सीवर हॉल में
मनुवाद के घुटनो तले

घुट रहे हैं हम
सदियों से
जार्ज फ्लॉयड
केवल तुम नहीं
हम भी साँस नहीं ले पा रहे हैं
घरों के सामन्ती बाड़े में
रसोईघर के धुएँ में
धर्मग्रंथों के पन्नों तले
घुट रहे हैं हम
सदियों से

जार्ज फ्लॉयड
केवल तुम नहीं
हम भी साँस नहीं ले पा रहे हैं
हम भी सदियों से साँस नहीं ले पा रहे हैं
अहल्या और सीता के रामराज्य से—
उनके लोकतांत्रिक राज्य तक
हममें से कुछ घुटन से मरे
तो कुछ का दम घोंट दिया गया
तुम्हारी तरह
प्रियंका-सुरेखा भोटमाँगे, रोहित वेमुला, पायल तडवी, मनीषा, सपना—
और कई अनाम नामों की
लंबी श्रृंखला है
जो इस घुटन से मारे गए
जार्ज फ्लॉयड,
तुम्हें यूँ मरते देख
हमारी घुटन बढ़ गई है
अचानक हम सबने एक साथ महसूस किया—
'वी कांट ब्रीद'
हमें ताज़ी हवा चाहिए

तुम्हारे देश में
लोग मुट्ठी तानें सड़कों पर उतर गए हैं

घुटन से निकलने के लिए
ताज़ा हवा के लिए
जार्ज फ्लॉयड
यह हवा आँधी बन सकती है
इसे इधर भी आने दो।

फिलीस्तीन के बच्चे

मैं तो फूल रोप रहा था
जब उस रॉकेट ने हमें मारा
मेरे बाबा कहते हैं
उनके अब्बू ने
इसी धरती पर देखे थे
बहुत से सुंदर फूल
अब वहाँ उगा है
इजरायली राकेट के टुकड़े
जिनके पीछे लिखा है यूएसए

मुझे फूल बहुत पसंद थे,
इतने कि
मैं माली बनना चाहता था बड़ा होकर—
धरती पर फूल सजाने वाला माली
उस वक्त भी मैं फ़ूल ही रोप रहा था
मेरी बहन ने
राकेट के उस टुकड़े को
धरती से खींचकर
कटीले बाड़ के उस पार फेंक दिया था
और खिलखिला पड़ी थी
मेरा एक दोस्त
ख़ुशी से उछल रहा था—
धरती फोड़कर निकल आए
एक और फूल को देखकर

एक और दोस्त
पास ही खड़ा
आसमान में कबूतरों को उड़ा रहा था
ठीक उसी वक्त वह रॉकेट आया था हमारी ओर
और
हम सब मारे गए—
मैं, मेरी बहन, मेरे दोस्त, कबूतर
और वह फूल भी
जो धरती फोड़कर बाहर आ रहा था

लेकिन वह पौधा
जिसे मैं रोप रहा था
छिंटककर दूर जा गिरा था
उसे फिर से रोप रहा है
मेरा एक और दोस्त
उसकी बहन
सहयोग के लिए दौड़ी आ रही है।

इंद्रधनुष

प्यार में डूबी
सूरज की एक बेटी
सतरंगी चुनर ओढ़
एक दिन परपंरा को तोड़
चल पड़ी जलपुत्र से मिलने
जबकि—
ख़तरा था उसे मिट जाने का
जलपुत्र ने आगे बढ़
भर लिया उसे अपनी बाँहों में
चूम लिया उसका तपता चेहरा
लाज के रंग
सारे बिखर गए इधर-उधर

और सबने देखा—
आसमान में सात रंगों वाला
एक इंद्रधनुष तना था।

वरवर राव के लिए

वो कविताओं में उतर कर
क्रांति के बीज बोता है
वे कविता लिखता भर नहीं
उसे जीता भी है
कविता के स्वप्न को
ज़मीन पर बोता भी है
वो सिर्फ़ कवि नहीं
क्रांतिकारी कवि है

कहते हैं
कवि क़ैद हो सकता है
कविता आज़ाद होती है
कवि मर जाता है
कविता ज़िंदा रहती है
और समय के दिल में धड़कती रहती है
लेकिन वह सिर्फ़ कवि नहीं है
कविता बन चुका है
कविता बन समय के दिल में धड़क रहा है
ग़ौर से देखो
सत्ता के निशाने पर
सिर्फ़ कवि नहीं
कविता भी है

जेल के भीतर ही
कविता ही हत्या की सुपारी दी जा चुकी है
समय का दिल ख़तरे में है

ऐसे समय से निकलने की राह
उसने ही बताई है—
'कविता सिर्फ़ लिखो मत
उसे जिओ भी,
कविता के स्वप्न को
ज़मीन पर बोओ भी
कविता में उतर
क्रांति के बीज बोओ भी।

चुनाव

उँगली पर निशान
नीली स्याही का
मुहर है इस बात की
कि
लोकतंत्र को बचाने के लिए
अमुक व्यक्ति ने
सौंप दिया अपना सारा अधिकार
एक व्यक्ति को—
दल को
अधिकार छीनने के लिए
ज़रूरी नहीं कि
एकलव्यों का अंगूठा काटा जाए
उँगली पर
स्याही का नीला निशान ही काफ़ी है।

महायात्रा

जंगल से
महानगर तक की यात्रा में
रचते और गढ़ते आगे बढ़े थे हम

बिना यह सोचे
कि किसका होगा यह
हम तो यही सोचते रहे कि
इस यात्रा में रचते-गढ़ते
जब-जब लौटेंगे अपने घरों की ओर
तो भूख भर खाएँगे
नींद भर सोएँगे

सोचते-गढ़ते-रचते
काफ़ी आगे आ गए हम
लोगों ने बताया
21वीं सदी है यह
विकास यात्रा की वह सदी
जहाँ
न भूख भर भोजन है
न आँख भर नींद
हमारे लिए

आदिम से 21वीं सदी तक
गढ़ा था हमने जो स्वर्ग
उस स्वर्ग से विदाई थी अब
हाँ, गोरख ने इस विदाई की बात बताई थी
लेकिन ये विदाई होगी इस तरह
ये नहीं बताया था
अपनी और अपनों की लाशें उठाए
लहूलुहान पाँव
बिखरे ख़्वाब के साथ
लौट रहे हैं हम
यह लौटना हमारा
नहीं है पीछे लौटना
उस स्वर्ग से विदाई भर है
जिसमें अपने हिस्से का
भ्रम था हमें
इस भ्रम का टूटना

हमारी अनंत यात्रा का हिस्सा भर है
हम लौट रहे हैं गाँवों की ओर
और बढ़ रहे हैं आगे की ओर
हमारा बच्चा स्टेशन पर है
वह मरी माँ के चादर को नहीं
21वीं सदी के पर्दे को उघाड़ कर देख रहा है

यात्रा का ख्वाब
जो अब भी सुरक्षित है उसकी आँखों में
वह आगे बढ़ेगा
समय उसके ही साथ चलेगा
वह फिर से स्वर्ग गढ़ेगा
सबमें ख़्वाब रचेगा
इस बार स्वर्ग पर कब्ज़ा भी करेगा।

अगर तुम औरत हो

अगर तुम
कश्मीरी औरत हो
तो राष्ट्रभक्ति के लिए हो सकता है
तुम्हारा बलात्कार,
बलात्कारियों के समर्थन में
फहराए जा सकते हैं तिरंगे

अगर तुम
मणिपुरी या सात बहनों के देश की बेटी हो
तो भी रौंदी जा सकती हो तुम...
राष्ट्रभक्ति के लिए
तुम्हारी योनि में
मारी जा सकती है गोली

अगर तुम

आदिवासी औरत हो
तो तुम्हारी योनि में
भरे जा सकते हैं पत्थर
और कभी भी
काटा या निचोड़ा जा सकता है
तुम्हारा स्तन
राष्ट्रपति पुरस्कार के लिए

अगर तुम
मुस्लिम औरत हो
तब तो
कब्र में भी सुरक्षित नहीं हो तुम,
हिंदू राष्ट्र के लिए
कभी भी निकाला जा सकता है तुम्हें
बलात्कार के लिए बाहर
फाड़ी जा सकती है तुम्हारी कोख
मादा शरीर की खोज में

अगर तुम
दलित औरत हो
तो सिर्फ़ पढ़-लिखकर
वर्णव्यवस्था में सेंध लगाने के लिए
लोहे की रॉड डाली जा सकती है
तुम्हारी योनि में
खैरलांजी की तरह
तोड़ी जा सकती है गर्दन, हाथ-पाँव
हाथरस की तरह

अगर तुम
सवर्ण औरत हो
तब भी सुरक्षित नहीं हो तुम
गैंग रेप की बात जुबान से निकालने भर से
मनुस्मृति की अवहेलना हो जाती है
इसके लिए

हत्या की जा सकती है
तुम्हारी या तुम्हारे पिता/भाई की
अगर तुम
पुरुष सत्ता को
चुनौती देने वाली औरत हो
तब तो धमकियाँ बलात्कार की ही मिलेंगी
हो भी सकती हो बलत्कृत
किसी पुलिस थाने या हवेली में

तुम कुछ भी हो
अगर औरत हो
तो हो निजाम के निशाने पर
इसलिए
अगर तुम औरत हो
तो बहुत ज़रूरी है
घरों से बाहर निकलना
सड़कों पर उतरना
और भिड़ना उस फ़ासिस्ट निजाम से
जिनके लिए
हम औरतें
केवल शरीर हैं
जिनका बलात्कार किया जा सकता है
अनेक वजहों से
कहीं भी, कभी भी।

इज़्ज़त के नाम पर

इज़्ज़त के नाम पर
वे फिर आए हैं
इस बार राम के नाम नहीं
'इज़्ज़त' के नाम पर आए हैं
'इज़्ज़त'

जे सिर्फ़ बहू-बेटी
यानी औरतें होती हैं,
इज़्ज़तदार औरतें
सिर्फ़ एक धर्म की होती हैं
इस बार वे
इस धर्म की इज़्ज़त के नाम पर आए हैं
हम औरतें
जिन्हें तुम
अपने धर्म की इज़्ज़त बताते हो
पूछना चाहती हैं तुमसे—
उस वक्त तुम कहाँ थे
जब वनकन्या शकुंतला को भोगने के बाद
तुम्हारे प्रतापी राजा दुष्यंत ने
भुला दिया उसे
दुर्वासा का शाप तो
छलावा है
दुष्यंत तो लौटे थे सिर्फ़
अपने वीर पुत्र के मोह में
कहाँ थे उस वक्त तुम
जब तुम्हारे ही धर्म के ज्ञानी पुरुष
हमारे मान के मर्दन के लिए
सदियों तक
हमारे कानों में
गरम शीशा उड़ेलते रहे

तुम्हारी इज़्ज़त मटियामेट क्यों नहीं हुई
उस वक़्त
जब
राम की आज्ञा से
गर्भवती सीता को
वन में छोड़ आए लक्ष्मण
अग्नि का वरण करती सीता को बचाने
क्यों नहीं आए तुम
सवाल तो सूर्पनखा के अपमान का भी है

प्रणय निवेदन ही तो किया था
उस वन कन्या ने,
तुम्हारी तरह रावण भी रखवाला था
अपनी बहन की इज़्ज़त
और अपने धर्म का
बदले में सीता हरण करके उसने
तुम्हारी तरह धर्म का ही पालन तो किया था
सूर्पनखा तो फिर भी उतना शर्मिंदा नहीं हुई होगी
भाई के कृत्य पर
कि उसने
सीता हरण किया
पर सीता की इच्छा के विरुद्ध
हाथ तक नहीं लगाया

पर हम
तुम्हारे जैसे भाई, पति, पिता, पुत्र पाकर
शर्मिंदा हैं राम के अनुयायियों
कि हमारी इज़्ज़त बचाने के बहाने
तुमने बेइज़्ज़त कर डाला
एक पूरे धर्म को, मानवता को
हम जिस भी धर्म में हों
हमारे ही शरीर पर तुमने
फहराए हैं हमेशा
अपनी जीत और इज़्ज़त के झंडे
बहू-बेटी की इज़्ज़त के रक्षकों
उस वक़्त किस खोह में छिपे बैठे थे तुम
जब
नित्यानंद और आसाराम जैसे
तुम्हारे न जाने कितने धर्मगुरु
हमारी देह पर
ब्रह्मचर्य और गुप्त आध्यात्मिक ज्ञान का
प्रयोग करते रहे
इन सभी मौकों पर तुम खामोश क्यों रहे?
हम जानते हैं धर्मरक्षक गिरोहों

कि तुम्हें हमारे साथ होने वाली लंपट वारदातों से
कोई लेना-देन नहीं
तब तक—
जब तक कि वह
दूसरे धर्म के पुरुषों द्वारा अंजाम न दी गई हो

सुनो,
हमारी इज़्ज़त के रक्षक पुरुषों
सुनो—
अब हम तुम्हारी इज़्ज़त बनने को तैयार नहीं
हमारी इज़्ज़त के नाम पर
तुम बार-बार हमें ही करते हो बेइज़्ज़त
अपमान सीता का हो या आयशा का
वह अपमान है हम औरतों का,
हम औरतें
तुम्हारी इस 'रक्षा नीति' को इंकार करती हैं
जो हमें इज़्ज़त की वस्तु बताकर
और भी असुरक्षित बनाती हैं
हम आज की गार्गी, अपाला हैं
हमें मालूम है
तुम्हारे द्वारा किए गए
हमारे अपमानों का इतिहास
हमें मान देने का नाटक बंद करो
सीता और आयशा
इंसानों द्वारा बाँटा गया
दो धर्म नहीं
बल्कि प्रकृति द्वारा बनाई गई
एक नस्ल हैं
जिनके अपमान का ज़िम्मेदार
तुम हो धर्मरक्षकों,
जिसका हिसाब हम तुमसे
ख़ुद चुकता करेंगे।

सुशीला टाकभौरे

सुशीला टाकभौरे का जन्म 4 मार्च, 1954 को मध्य प्रदेश, होशंगाबाद के बानापुरा गाँव में हुआ।

उन्होंने पी-एच.डी. की उपाधि प्राप्त की। सेठ केसरीमल पोरवाल कॉलेज, कामठी (महाराष्ट्र) में अध्यापन किया। अब सेवानिवृत्त। कविता, कहानी, उपन्यास आदि विधाओं में उत्कृष्ट लेखन किया।

इनकी रचनाओं में नारी संवेदना, दलित अस्मिता एवं अस्तित्व के प्रश्न और मनुवादी समाज-व्यवस्था के ख़िलाफ़ दलित समाज के प्रतिरोध का स्वर मुखर है।

उनकी प्रमुख पुस्तकें हैं—'स्वाती बूँद और खारे मोती', 'यह तुम भी जानो', 'तुमने उसे कब पहचाना', 'हमारे हिस्से का सूरज' (कविता-संग्रह); 'अनुभूति के घेरे', 'संघर्ष', 'टूटता वहम', 'ज़रा समझो' (कहानी-संग्रह); 'नीला आकाश', 'तुम्हें बदलना ही होगा' (उपन्यास); 'शिकंजे का दर्द (आत्मकथा) आदि।

उन्हें मध्य प्रदेश दलित साहित्य अकादमी के 'विशिष्ट सेवा सम्मान', रमणिका फाउंडेशन के 'सावित्री बाई फुले सम्मान' तथा महाराष्ट्र हिन्दी साहित्य अकादमी के 'डॉ. ऊषा मेहता हिन्दी सेवा सम्मान, से सम्मानित किया गया।

इस कड़ी में सत्रहवीं कवि सुशीला टाकभौरे हैं। दलित स्त्री साहित्य को रचने वाली यह कवि सूरज को कहती हैं, 'तुम आना इस देश क्योंकि अंधकार कुछ ज्यादा ही फैल गया है'। शोषण का जातिवादी तंत्र टूटने का नाम नहीं ले रहा है। उस पर से राजनीतिक तानाशाही हमारी जीवन-लीला को और भी जल्दी समाप्त कर देना चाहती है। जिस तरह से मज़दूर अपने घरों की ओर भागे जब लॉकडाउन हुआ, जब कोरोना के विषाणुओं का प्रसार हुआ, इस स्थिति की बदहाली का रूप सामने आया। भारत कैसे एक महान देश बनेगा, इसकी चिंता कवि को ठीक ही सता रही है। शायद अंबेडकर के बताए रास्ते पर चलने से कोई हल निकले।

—सम्पादक

सूरज तुम आना

सूरज,
तुम आना इस देश
अंधकार फैला है सदियों से
विषमता, धर्मांधता,
अंधविश्वास है सब ओर
धधक रही है आग शोषण की
आतंक फैला रही
भेदभाव की आँच
ये हिंसक जातिवादी
पनपने नहीं देते भाईचारा
सड़ी-गली मानसिकता के दलाल
बंजर ज़मीन से भी बदतर है
इनके विचार

सूरज तुम आना
हर गाँव, हर शहर में
अपनी ऊर्जा से अपने ताप से
बदल देना बीमार मानसिकता
फैला देना परिवर्तन का प्रकाश!

बाबा साहब

दलित जनों के मन में
आपकी है छाप
आपके रहते फिर क्यूँ है

अन्याय और तम-संताप?
कितना ज्ञान दिया,
उद्बोधन प्रेरणा प्रोत्साहन
ग्रंथ लिखे, छपवाए
कितने अखबार!
मूकनायक, प्रबुद्ध भारत, समता
संघर्ष, आन्दोलन, क्रांति के
विचार-वाहक
क्यूँ अज्ञानी है, फिर भी यह समाज?
आपके बल से वे बलवान
आपके ज्ञान-धन से वे धनवान
आसमान के सूरज आप धरती के सिरमोर
फिर भी वे कमजोर?
कहा था आपने ईश्वर नहीं
मनुष्य ही है प्रधान
केवल पुरुष नहीं
है स्त्री-पुरुष समान
ऐसा श्रेष्ठ ज्ञान
फिर भी समाज अनजान
कब होगा सबेरा, कब बीतेगी यह रात?
कब होगा हमारा भारत देश महान!

ईश्वर

अब तक घटती थी घटनाएँ
ईश्वर की ही इच्छा से
बन जाता था ईश्वर तब
और शक्तिशाली, अधिक प्रभावशाली
कि करता है सब कुछ वही
उसके बिना नहीं हिलता एक भी पत्ता
मनुष्य क्या चीज है, नगण्य तिनके जैसा
यही प्रचार था अब तक, ईश्वर के लिए

यह कैसा समय आया है 'कोरोना-काल' में
ईश्वर को ही कर दिया है बंद
मंदिर, मस्जिद, गिरजाघरों में
कि मनुष्य स्वयं ही करेंगे मनुष्यों की रक्षा
डॉक्टर अब बड़ा है ईश्वर से
पुलिस बन गई है शुभचिंतक हमारी
ईश्वर को बाजू रख दो, बाँधकर पोटली में
उसका कुछ काम नहीं है 'कोरोना-काल' में
लॉकडाउन का पालन किया है सबने
यह ईश्वर का आदेश नहीं, सुरक्षा का संदेश है
मान भी जाओ यह सत्य अब सब
ईश्वर नहीं है कहीं, यह दुष्टों का फैलाया जाल है
कौन है ईश्वर, क्या है उसका धर्म?
मनुष्य ही है ईश्वर, मानवता ही है धर्म
करने लगे हैं सब कबूल इसे—
दो हजा़र बीस का है, सबसे बड़ा संदेश यह

मज़दूर

मेरी आँखों में दिख रहे हैं वे मज़दूर
कई महीनों से थे जो अपने घर-परिवार से दूर
रोजी-रोटी की तलाश में भटक रहे थे
दूर प्रांतों के अनजान महानगरों में
चलता रहा है बरसों से यही सब
मेहनतक़श लौटते थे अपने घर इत्मीनान से
मगर यह ट्वंटी-ट्वंटी में महामारी का भय
जनवरी-फरवरी सुगबुगाहट रही धीरे-धीरे
मार्च से दहशत की आग फैली थी हर तरफ़
हो गए सभी काम-रोज़गार बंद
खाली बैठे रहे झुग्गी-झोपड़ी में भूख से परेशान वे
थे बेहाल, सभी हर दिन, त्रस्त कल की चिंता से
क्या हो रहा होगा गाँव में बीबी बच्चों के साथ जाने!
जिनके लिए ख़ून-पसीना एक कर, भटक रहे हैं, दर-ब-दर

देख भी पाएँगे क्या अपने प्रियजनों को अंतिम समय!
जब भूख से ही मरना है तब कोराना से क्या डरना है
चल पड़े वे श्रमिक-मज़दूर बेबस मिलने परिवार से पैदल
लॉकडाउन में बस-रेल वाहन नहीं था कोई
चलते रहे पैदल सैकड़ों-हजारों मील
दूरी पार करते, भूखे-प्यासे, गिरते-पड़ते!
कितने पहुँच पाए अपने गाँव अपने घर-परिवार तक
कितनों ने तोड़ दिया दम रास्ते में ही बिछड़ गए अनायास
मौत से घबराकर भागे समा गए उसी के आगोश में
टेलीविजन और समाचार पत्रों में देख दहलते रहे हम!

मजदूरों का जीवन क्या इतना निर्मूल्य है?
नहीं कोई कर्तव्य देश के नागरिकों के लिए
हवाई किलों की बहस और झूठे भ्रमों में उलझाने वालों—
क्यों नहीं बचाया उन्हें, समय पर सही निर्णय लेकर?
कितने दर्दनाक उनके ज़ख्म पैदल यात्रा में उनकी दुर्दशा
औचित्य नहीं था ताली और थाली बजवाने का
हुक्म बादशाह का था दीपावली मनाने का
क्यों रही इतनी चुप्पी इन ग़रीब शोषितों के लिए
अब नहीं लौटेंगे वे पुनः अपने काम पर
याद करते रहेंगे मालिक उनकी ईमानदारी और हुनर को
फिर तैयार किये जाएँगे नए मज़दूर
चलता रहेगा सिलसिला शोषण का
देश के मजदूरों एक हो जाओ करने बग़ावत—
सवर्ण सामंतों के विरुद्ध अपने सर्वहारा के अधिकारों के लिए
'कोरोना काल' ने बता दिया है मज़दूर मनुष्यों का मूल्य
इतना सस्ता नहीं उनका जीवन उनका श्रम।

भयभीत लोग

कोविड-19 से भयभीत हैं सभी लोग
सूने हो गए हैं—गली सड़कें चौक-चौबारे

पहचानते नहीं कोई किसी को जैसे
खामोश-से हो गए हैं सब

हर दो-चार दिन में लोग
पूछ लेते हैं फोन पर तबीयत, हालचाल
सुनकर ही डर-सा लगता है
हम भी हो सकते हैं इस महामारी के शिकार
ठहराव-सा आ गया है 2020 में
होगा क्या कल, होगा क्या नया साल 2021 में?
कब तक भय की छाया में रहें, भयभीत
चाहिए जीने के लिए निश्चिंतता अनोखी
कुछ लोग कर रहे हैं समय का पूरा उपयोग
लॉकडाउन में मिली छुट्टी में हो रहे हैं पूरे अधूरे काम
चल रहा है पढ़ना, लिखना बेधड़क मुसलसल
फिर मैं हूँ क्यों परेशान?
वह समय आए फिर से स्वस्थ निर्भीक
फिर से वही शुरू हो हँसी खिलखिलाहट
लोग एक-दूसरे से मिलें गले प्रेम-भाव से
बन जाए कोविड-19 पिछली रात का कोई बुरा सपना

नया साल मुबारक

दिन बीते, महीने बीते, बीत गया साल
'नये वर्ष' के रूप में आ गया नया साल
आ गया इठलाता बीते वर्ष को झुठलाता
थोड़े दिन भरमाएगा गीत खुशी के गाएगा
फिर वही होगा अखबार, होंगे फिर वही समाचार
डरकर जिनसे सब करते हैं इसका इन्तज़ार

पहली तारीख के बाद फिर वही सुबह-शाम
'नया साल मुबारक'
रहेगा फिर भी इसका इंतज़ार

कोरोना काल में सफ़ाई कामगार

पहले भी अछूत थे
अब भी अछूत हैं
सेवा कर रहे हैं 'महामारी' में भी
डालकर ख़तरे में अपना जीवन!
सब बैठे हैं अपने घरों में सुरक्षित
मगर नहीं इनको यह सुविधा
करना है हर दिन सफ़ाई काम
कहने को इन्हें कहा जा रहा है
वे भी हैं देश के सिपाही
डॉक्टर पुलिस की तरह रक्षक समाज के
क्या हो गए हैं वे सम्मानित अब सचमुच?
फूल बरसाते हुए उन पर
फोटो, वीडियो दिखाए जा रहे हैं
इस गहरे काले समय के बाद भी
रहेगा क्या उनके प्रति यही आदर-भाव?
लॉकडाउन में भी
सबको वेतन के साथ छुट्टी
नहीं मिली सफ़ाई कामगारों को मगर यह भी
नहीं कर सकते सवर्ण उनके यह काम
यह नहीं छिप सकी ऐसे गाढ़े समय में भी

कितना निकृष्ट है
यह रोज़गार, यह जीवन!
बदलनी ही चाहिए अब तो
वर्ण और जाति की यह विषम व्यवस्था
'कोरोना' ने कुछ तो सिखाया हमें
जैसे इंसान की अहमियत, ध्येय जीवन का।

आज का सत्य

लिख रहे थे अब तक दलित विचारवान
धर्माडंबर के विरुद्ध सच्चा साहित्य
'महामारी' ने बता दिया सबको
नहीं धर्म की ज़रूरत नहीं कहीं भगवान।
रचे गए थे धर्म ग्रंथ ब्राह्मणवाद के लिए
नहीं कर सकते जो सामना करोना-काल का
आ गई है सच्चाई सबके सामने
मिट्टी-पत्थर के भगवान की
नहीं बनाना चाहिए अब कोई मंदिर
बनाना चाहिए बल्कि अस्पताल जीवन रक्षा के लिए
तर्क और बुद्धि से जानिए प्यारे देशवासियों
भगवान राम नहीं, अब डॉ. राम किए जाएँगे याद!
लोग लुटते हैं, लूटे जाते हैं तो सिर्फ़ अंधविश्वास में
कि यही संपत्ति है धर्म स्थानों में
न देश हित, न जन हित
केवल पंडो का हित।

गमले की फसल और 15 अगस्त

मेरे घर के सामने, सड़क के उस पार
बड़ी इमारत के टेरेस पर
फूलों के गमलों की बगिया है
वहाँ एक गमले में उगा दिया है
छोटे बच्चे ने तिरंगा झंडा
आज 15 अगस्त है
देखते हैं कब आएगी यह फसल
कब ऊगेगी कब बढ़ेगी
संशय यह भी है गमले की फसल कहीं
सीमित न रह जाए गमले तक ही

अक्सर होता है कुछ ऐसा ही
बड़ी इमारतों की छत या आंगन में
ऊँची सोसायटी के बड़े लोग
ध्वजारोहण कर लेते हैं अलग से
अपने इष्ट मित्रों को बुलाकर
देते हुए एक-दूसरे को आजादी की बधाई
चाय-पानी, खारा-मीठा के साथ
कर लेते हैं समापन
फिर बनाते है वे न्यूज
अखिल भारतीय स्तर पर आयोजित
राष्ट्रीय पर्व के ध्वजारोहण-कार्यक्रम की
खीचीं गई तस्वीरों के साथ
भेजी जाती हैं तुरंत अखबारों में खबरें
व्हाट्स अप, फेसबुक पर
देखते हैं लोग उसी समय
बढ़-चढ़ कर देते हैं बधाई
उनके राष्ट्रप्रेम और देशभक्ति के लिए
और हम, सड़क के इस पार के लोग
देखते रहते हैं राष्ट्रीय पर्व का निजीकरण
और कुछ लोगों की राष्ट्रभक्ति का प्रचार-प्रसार

कहाँ है यहाँ पूरा देश?

हमारा राष्ट्रीय पर्व

पंद्रह अगस्त
देश की स्वतंत्रता का राष्ट्रीय पर्व
मनाते रहे हैं हम उन्नीस सौ सैंतालीस से
मगर अब लगने लगा है
हम जी रहे हैं किसी तानाशाही में
लोकतंत्र देश की कहाँ अब
कैसी यह आज़ादी है?

उच्च सवर्ण सत्तारूढ़ दबंग
कर रहे हैं लगातार मनमानी अपनी
जाने कब होगा स्वतंत्र प्रजातंत्र अब
जिसमें कह सकें हम भी—
भारत हमारा देश है!

सुनो देशवासियो,
हम सबका है यह देश
इसमें है हमारी भी हिस्सेदारी
और सत्ता में बराबर की भागीदारी

ख़त्म करो देश से हिटलरशाही
असामाजिक लोगों की जालसाजी
कितनी कुरबानियाँ दी हैं हमारे पूर्वजों ने
और तुम छीन रहे हो वह भी
मिली थी जो थोड़ी बहुत आजादी?

कविता कृष्णपल्लवी

कविता कृष्णपल्लवी का जन्म गोरखपुर, उत्तर प्रदेश में हुआ। उन्होंने राजनीतिशास्त्र में एम.ए. किया।

लगभग दो दशकों से क्रांतिकारी वाम विचारधारा के साथ मज़दूरों, विशेषकर स्त्री मज़दूरों के बीच, शिक्षा, राजनीतिक जागरूकता और संगठन के कामों में सक्रिय रही हैं। 2006 से कविताएँ लिखना शुरू किया। विभिन्न सामाजिक-राजनीतिक विषयों पर भी लिखती रही हैं। हिन्दी की कई महत्त्वपूर्ण पत्र-पत्रिकाओं में उनकी रचनाएँ प्रकाशित हुई हैं। उनकी कविताओं और क़िस्सों का पहला संकलन 'नगर में बर्बर' 2019 में प्रकाशित हुआ।

उनकी कविताओं और क़िस्सों में स्त्री-मन और जीवन के रहस्य और सपने, दर्द और उम्मीदें जीवंत हो उठते हैं। उनकी कविताएँ अपने समय की विसंगतियों और विद्रूपताओं को कभी व्यंग्य के नश्तर से उधेड़ डालती हैं, तो कभी सीधे हाथ बढ़ाकर तमाम पर्देदारियों को हटा देती हैं।

स्त्री की प्रतिरोधरत कविता की अठारहवीं कवि कविता कृष्णपल्लवी हैं जिनकी विलक्षण कविताएँ जीवन और समाज के सारे यथार्थ को समाहित कर एक नए यथार्थ का सृजन करती-सी लगती हैं। उन्हें मालूम है स्त्रियाँ सच्ची प्रेम कविताएँ क्यों नहीं लिखतीं और क्यों वे शोकगीत बनने लगती हैं, क्यों वे प्रेम भी नहीं करतीं। उन्हें कितनी ही यातनाएँ याद आने लगती हैं—वह नीला तंबू जिसमें ख़ून ही ख़ून हुआ, देह से लेकर मन तक का। लेकिन यह कवि लड़ना जानती है। इसे पता है कि जूते भले हमारी मनहूस ज़िंदगियों में साथ घिसते हुए उदास हो जाते हैं, मगर वह दुनिया के तमाम घटिया और मक्कार लोगों के सिर पर भी मारे जा सकते हैं।

—सम्पादक

शिक्षा

मुक्ति की किसी ने नहीं दी शिक्षा
किसी ने नहीं बताया
पराजितों और पीछे छूट गए लोगों की
गरिमा और मौलिकता के बारे में
यह सब बताया मुझे ज़िंदगी ने

जीने की तरक़ीब मैंने ख़ुद ईज़ाद की
सपने देखने का शिल्प मैंने ख़ुद से सीखा
ख़ुद ही मैंने जाना
असफलता के सम्मान के बारे में
भीड़ के पीछे न चलने का
फैसला मैंने ख़ुद लिया
हाँ, मगर दुःख में हँसना मैं न सीख पाई

दुःख में मैं अकेली होती हूँ
अपने साथ
कुछ लिखती हूँ सिर्फ़ अपने लिए
और हाँ,
आँसू मेरे लिए तब शर्म की बात होते हैं
अगर वे किसी निजी दुःख से उपजे हों
अब भी मैं उन्हें छुपाती हूँ

सीखा है मैंने बस ख़ुद से
और ज़िंदगी से
और किताबों से
और चंद यात्राओं और सरायों में मिले राहियों से

और उन्हें मैं याद करती हूँ
और सलाम भी करती हूँ
लगभग हर रोज़।

कुछ निरर्थक काम जैसे कि...

सार्थक के साथ हरदम
करती रहती हूँ कुछ निरर्थक भी
अज्ञात के रहस्यों को जानने की
कोशिश करते हुए
स्वयं ही कुछ रहस्य रचती रहती हूँ
जैसे दे ही दूँ एक मिसाल कि
निजी डायरियाँ भी लिखती हूँ
छिपाकर पूरी दुनिया से
और उन्हें कहीं दबा देती हूँ
कभी सुदूर रेगिस्तान में
रेत के किसी टीले के नीचे
तो कभी किसी ग्लेशियर के पास
या खोद कर गाड़ देती हूँ
उत्तर-पूर्व के किसी दुर्गम वर्षा-वन में

मेरे मरने के बहुत दिनों बाद, सदियों बाद,
यदि मिलेंगी किसी को वे डायरियाँ
तो पैग़ंबरों, क़ातिलों, नायकों, कवियों,
लकड़हारों, संगीत-निर्माताओं, गोताख़ोरों,
चिंतकों, सब्ज़ीफ़रोशों, न्यायाधीशों, प्रेमियों,
गली के शोहदों, रंगसाज़ों, पागलों, प्रोफ़ेसरों
और न जाने कितने लोगों के बारे में
रहस्यमय या आश्चर्यजनक या विस्फोटक
या अबूझ जानकारियाँ देंगी
पर वे जानकारियाँ तब

इतनी पुरानी हो चुकी होंगी कि
बस कोई ऐतिहासिक उपन्यास लिखने के ही
काम आ सकेंगी
उनमें मेरे भी वे सभी राज होंगे
जिन्हें जानने के लिए मरते रहे
मेरे शुभचिंतक और मेरे दुश्मन
और जिनके बारे में मेरे दोस्तों ने
कभी कुछ नहीं पूछा
उनमें मेरी तमाम अधूरी यात्राओं, खंडित स्वप्नों,
पलायनों, पाखंडों, अधूरे और विफल और अव्यक्त प्रेमों,
कुछ गुप्त कारगुजारियों,
विश्वासघातों और विचलनों और कुछ थोड़े से दुखों
और बहुत-सी उदासियों के बारे में मुख़्तसर
कुछ टीपें मिलेंगी
लेखों-कविताओं के ढेरों कच्चे मसविदों के बीच
लेकिन तब, युगों बाद, कोई मेरा
बिगाड़ भी क्या पाएगा?
और सबसे बड़ी बात तो यह कि
जिन्हें मिलेंगी भी ये डायरियाँ,
उनमें लिखी बातों का उनके लिए
न कोई मतलब होगा, न ही कोई अहमियत
हाँ, उनमें से अगर कोई कवि हुआ
या कोई उदास प्रेमी
तो बात और है।

स्त्रियों की प्रेम कविताओं के बारे में एक अप्रिय, कटु यथार्थवादी कविता

आम तौर पर स्त्रियाँ जब प्रेम कविताएँ लिखती हैं
तो ज़्यादातर वे भावुकता से लबरेज
और बनावटी होती हैं
उनमें वे सारी बातें नहीं होती हैं

जो वे लिख देना चाहती हैं और
लिखकर हल्का हो लेना चाहती हैं
इसलिए प्रेम कविताएँ लिखने के बाद
उनका मन और भारी, और उदास हो जाता है
स्त्रियाँ जब अपने किसी सच्चे प्रेमी के लिए भी
प्रेम कविताएँ लिखती हैं
तो उसमें सारी बातें सच्ची-सच्ची नहीं लिखतीं चाहते हुए भी
शायद वे जिससे प्रेम करती हैं
उसे दुखी नहीं करना चाहतीं
या शायद वे उसपर भी पूरा भरोसा नहीं करतीं
या शायद वे अपनी ज़िंदगी की कुरूपताओं को
किसी से बाँटकर
और अधिक असुरक्षित नहीं होना चाहतीं
या फिर, शायद वे स्वयं कपट करके किसी अदृश्य
अत्याचारी से बदला लेना चाहती हैं

स्त्रियाँ कई बार इस डर से सच्ची प्रेम कविताएँ नहीं लिखतीं
कि वे एक लंबा शोकगीत बनने लगती हैं
और उन्हें लगता है कि वह दिग-दिगंत तक गूँजने लगेगा
एक दीर्घ विलाप
स्त्रियाँ चाहती हैं एक ऐसी
सच्ची प्रेम कविता लिखें
जिसमें न सिर्फ़ मन की सारी आवारगियों, फंतासियों,
उड़ानों का, अपनी सारी बेवफ़ाइयों और पश्चातापों का
बेबाक़ बयान हो, बल्कि यह भी कि
बचपन से लेकर जवान होने तक
कब, कहाँ-कहाँ, अँधेरे में, भीड़ में, अकेले में,
सन्नाटे में, शोर में, सफ़र में, घर में, रात में, दिन में,
किस-किस ने उन्हें दबाया, दबोचा, रगड़ा, कुचला,
घसीटा, छीला, पीसा, कूटा और पछींटा
और कितनों ने कितनी-कितनी बार उन्हें ठगा, धोखा दिया,
उल्लू बनाया, चरका पढ़ाया, सबक सिखाया और
ब्लैकमेल किया

स्त्रियाँ प्रेम कविताएँ लिखकर शरीर से भी ज़्यादा
अपनी आत्मा के सारे दाग़-धब्बों को दिखलाना चाहती हैं
लेकिन इसके विनाशकारी नतीज़ों को सोचकर
सम्हल जाती हैं
स्त्रियाँ अकसर प्रेम कविताएँ भावनाओं के
बेइख़्तियार इज़हार के तौर पर नहीं
बल्कि जीने के एक सबब या औज़ार के तौर पर लिखती हैं
और जो गज़ब की प्रेम कविताएँ लिखने का
दावा करती कलम-धुरंधर हैं
वे दरअसल किसी और चीज़ को प्रेम समझती हैं
और ताउम्र इसी मुग़ालते में जीती चली जाती हैं
कभी अपवादस्वरूप, कुछ समृद्ध-कुलीन स्त्रियाँ
शक्तिशाली हो जाती हैं
वे प्रेम करने के लिए एक या एकाधिक
पुरुष पाल लेती हैं या फिर ख़ुद ही ढेरों पुरुष
उन्हें प्रेम करने को लालायित हो जाते हैं
वे स्त्रियाँ भी उम्र का एक ख़ासा हिस्सा
वहम में तमाम करने के बाद
प्रेम की वंचना में बची सारी उम्र तड़पती रहती हैं
और उसकी भरपाई प्रसिद्धि, सत्ता और
संभोग से करती रहती हैं

स्त्रियाँ सच्ची प्रेम कविताएँ लिखने के लिए
यथार्थवादी होना चाहती हैं
लेकिन जीने की शर्तें उन्हें या तो छायावादी बना देती हैं
या फिर उत्तर-आधुनिक
जो न मिले उसे उत्तर-सत्य कहकर
थोड़ी तो राहत तो मिलती ही है!
सोचती हूँ, एस.एम.एस. और व्हाट्सअप ने
जैसे अंत कर दिया प्रेम-पत्रों का
अब आवे कोई ऐसी नई लहर
कि नक़ली प्रेम कविताओं का पाखंड भी मिटे
और दुनिया की वे कुरूपताएँ थोड़ी और

नंगी हो जाएँ जिन्हें मिटा दिया जाना है
प्रेम कविताओं में सच्चाई और प्रेम को
प्रवेश दिलाने के लिए।

हादसा

यक-ब-यक ही हुआ वह हादसा
कि मैं इस क़दर सुखी और संतुष्ट लोगों से घिर गई
एक वहशतअंगेज़ वक़्त में
जब अँधेरा लोगों की रगों में ख़ून के साथ
घुल-मिलकर बहने की खौफ़नाक कोशिशों में लगा हुआ था
उन लोगों को अगर ज़माने से और हुक़्मरानों से
कुछ शिकायतें भी थीं तो बस थोड़ी-बहुत
बेहद दोस्ताना शिकायतें थीं
और उनका कहना था कि जो ऊपर बैठे होते हैं
उनकी बहुत सारी मजबूरियाँ होती हैं
जिन्हें नीचे वाले समझ ही नहीं सकते
वे सभी जैसे किसी अतियथार्थवादी पेंटिंग के फ्रेम में
जकड़े हुए सपाट चेहरे वाले लोग थे
जो बड़े प्यार से मुझे अपने बीच
जगह देने की कोशिश कर रहे थे
मैं किसी तरह बाहर निकल तो आई
उस महफ़िल से मगर उसकी यादें मुझे
कई-कई दिनों तक
बुरे सपनों की तरह सताती रहीं!

साधारण के पीछे का रहस्यमय-रोमांचक गुप्त असाधारण

किचन के बर्तनों में, डिब्बों और शीशियों में कुछ ढूँढ़ते हुए
वह ख़ुद भी नहीं जानती कि क्यों उसे लगता रहता है
कि वह कुछ षड्यंत्र कर रही है
दीवारों के ख़िलाफ़
या कि सुकूनतलब ज़िंदगी के ख़िलाफ़
वह नहीं जानती कि क्यों सुबह सहसा उसने सोचा
अपने बीस वर्षों पुराने प्यार के बारे में
वह इस समय फिर सोचने लगी है अनायास
जो वह सबसे छुपा लेने में सफल रही थी

वह अब भी चाँद से आधी रात को
कुछ गुफ़्तगू करने के बारे में सोचती है
और उसका पति बिस्तर में उसका इंतज़ार करता है
जल्दी से सेक्स करके सो जाने के लिए
क्योंकि कल सुबह उसे जल्दी उठना है
और कई ज़रूरी काम निपटाने हैं
दफ़्तर जाने से पहले
वह ख़ुद से भी छुपाती रहती है
अपने बेहद ख़तरनाक इरादों को
पागलपन भरी योजनाओं को
अविश्वसनीय मंसूबों को
भोर की उड़ान के सपनों को

जब वह सबसे विश्वसनीय और निरीह लगती है
तब उसके ज़ेहन में सबसे भयंकर साज़िशें
सुगबुगा रही होती हैं
जब वह एकदम पालतू लगती है
तब वह एक मोटर बोट लेकर
सुदूर समुद्र में निकल जाने के बारे में
भरोसे के साथ सोच रही होती है

घर को सजाते-सँवारते समय वह उसे
डायनामाइट से उड़ा देने के बारे में सोच रही होती है
बच्चों के बारे में वह अक्सर सोचती है कि
उन्हें उड़ने के लिए सही समय पर बाहर धकेल देगी
जैसे पक्षी अपने बच्चों के साथ करते हैं

इधर जबसे वह कुछ पढ़ने-लिखने लगी है
एक लायब्रेरी में बैठने लगी है
एक फिल्म क्लब की सदस्य हो गई है
थियेटर करने के बारे में सोचने लगी है फिर से
कुछ धरना-प्रदर्शनों में जाने लगी है
और घर से बाहर अपनी दुनिया फैलाने लगी है
बहुत कुछ अजीब ख़यालात आने लगे हैं
और अजीब घटनाएँ घटने लगी हैं
हालाँकि यह अभी अपवाद है
पर अपवाद भी अगर समय से
मौत के शिकार न हो जाएँ तो कालांतर में
अपने विपरीत में बदल जाते हैं
और आम प्रवृत्ति बन जाते हैं।
कभी-कभी तो आधी रात को अचानक उठकर
वह याद करने लगती है कि
यह जो मोटा, भदभद, तुंदियल
बिस्तर पर चित्त पड़ा
नाक से घनगर्जन कर रहा है
मूँछों को फड़फड़ाता हुआ
यह कौन है और यहाँ कर क्या रहा है!

गाज़ा के एक बच्चे की कविता

बाबा! मैं दौड़ नहीं पा रहा हूँ.
ख़ून सनी मिट्टी से लथपथ
मेरे जूते बहुत भारी हो गए हैं।

मेरी आँखें अंधी होती जा रही हैं
आसमान से बरसती आग की चकाचौंध से
बाबा! मेरे हाथ अभी पत्थर
बहुत दूर तक नहीं फेंक पाते
और मेरे पंख भी अभी बहुत छोटे हैं
बाबा! गलियों में बिखरे मलबे के बीच
छुपम-छुपाई खेलते
कहाँ चले गए मेरे तीनों भाई?
और वे तीन छोटे-छोटे ताबूत उठाए
दोस्तों और पड़ोसियों के साथ तुम कहाँ गए थे?
मैं डर गया था बाबा कि तुम्हें
पकड़ लिया गया होगा
और कहीं किसी गुमनाम अँधेरी जगह में
बंद कर दिया गया होगा
जैसा हुआ अहमद, माजिद और सफ़ी के
अब्बाओं के साथ।

मैं डर गया था बाबा कि
मुझे तुम्हारे बिना ही जीना पड़ेगा
जैसे मैं जीता हूँ अम्मी के बिना
उनके दुपट्टे के दूध सने साये और लोरियों की
यादों के साथ
मैं नहीं जानता बाबा कि वे लोग
क्यों जला देते हैं जैतून के बागों को
नहीं जानता कि हमारी बस्तियों का मलबा
हटाया क्यों नहीं गया अब तक
और नये घर बनाए क्यों नहीं गए अब तक!

बाबा! इस बहुत बड़ी दुनिया में
बहुत सारे बच्चे होंगे हमारे ही जैसे
और उनके भी वालिदैन होंगे
जो उन्हें ढेरों प्यार देते होंगे
बाबा! क्या कभी वे हमारे बारे में भी सोचते होंगे?
बाबा! मैं समंदर किनारे जा रहा हूँ

फुटबाल खेलने
अगर मुझे बहुत देर हो जाए
तो तुम लेने ज़रूर आ जाना
तुम मुझे गोद में उठाकर लाना
और एक बड़े से ताबूत में सुलाना
ताकि मैं उसमें बड़ा होता रहूँ
तुम मुझे अमन-चैन के दिनों का
एक पुरसुकून नग़मा सुनाना
जैतून के एक पौधे को दरख़्त बनते
देखते रहना
और धरती की गोद में
मेरे बड़े होने का इंतज़ार करना।

इक्कीसवीं सदी के उजाड़ में प्यार

बात वर्षों पुरानी है!
जो मुझे बहुत चाहने लगा था
उसने भी तंग आकर घोषित कर दिया एक दिन कि
आने वाले दिनों की एक
अंधी प्रतीक्षा हूँ मैं
और यह उससे भी बहुत-बहुत पहले की बात है
जब मेरी आत्मा के पंख उगने लगे थे
तो मैंने किसी धूमकेतु से
प्यार करना चाहा था
पर मुझसे प्यार करना चाहता था
क़स्बे का घंटाघर
या कोई शाही फरमान
या कोई सजावटी साइन बोर्ड
या पंक्चर लगाने की दूकान के बाहर पड़ा
कोई उदास, परित्यक्त टायर

जिन दिनों तमाम क़रार ढह रहे थे

वायदे टूट रहे थे
और धीरज के साथ सपने कूटकर
सड़कें बनाई जा रही थीं
मैं किसी पुरातन प्रतिशोध की तरह
जंगलों में सुलग रही थी
फिर सूखे पत्ते धधक कर जलने लगे
और एक लंबा समय आग के हवाले रहा
जलते हुए रास्ते से एक बार फिर मैं
प्यार की खोज में निकली
पर तब तक बहुत देर हो चुकी थी
तब सपनों के अर्थ बताने वाले लोग
सड़कों पर मजमे लगा रहे थे
दार्शनिक ताश के पत्ते फेंट रहे थे
वैज्ञानिक सिर्फ़ अनिश्चितता के बारे में
अनुमान लगा रहे थे
और महाविनाश को लेकर
साइंस फ़िक्शन लिख रहे थे
मार्क्सवाद के प्रोफ़ेसर पंचांग बाँच रहे थे
और कविगण उत्तर-सत्य का आख्यान रच रहे थे
या देवकन्याओं के बारे में
अलौकिक वासनामय कविताएँ लिख रहे थे
और सोच रहे थे कि क्या अमर प्रेमी भी
कभी पा सके थे एक वास्तविक स्त्री का दिल?

अगर कहीं थोड़ा-बहुत प्यार
शायद बचा रह गया था
तो बेहद मामूली
नामालूम चेहरों वाले चंद
आम नागरिकों के पास
पर उसे भी खोज पाना
इतना आसान नहीं था!

एक दिन की बात

सूरज तब रोज़ की तरह काला उगा था
घर से निकाल डी. टी. सी. की बस में बैठा वह आदमी अस्पताल जा रहा था
वहाँ भर्ती अपने बच्चे के पास
पूरी रात जागी थी पत्नी वहाँ, अब पारी उसकी थी
गंतव्य से आधी दूरी तय करने तक पढ़ चुका था लगभग पूरा अख़बार
बुंदेलखंड में कुपोषण से बच्चों की मौतों,
उजाड़े गए आदिवासियों के देशद्रोही बन जाने,
संसद के सामने तबाह तमिल किसानों के नग्न प्रदर्शन,
कश्मीर उपचुनाव में 6 प्रतिशत मतदान,
छात्रों पर लाठीचार्ज और आँसूगैस छोड़े जाने,
सड़कों पर अख़लाक और पहलू खान को ढूँढ़ती रक्तपिपासु भीड़
और अंबानी-अडानी के देश की तरक्की में योगदान से जुड़ी कई खबरें
कि अचानक बस रुकी और किसी भीड़ के पीछे भागती पुलिस घुसी भीतर
और मुसाफ़िरों को पीटने लगी
बदहवास भागा वह आदमी और घुस गया पास ही ऊँचाई पर खड़े उस
भव्य प्रासाद में जो संस्कृति और चिंतन का केंद्र था
और वहाँ उस समय कला और विचार के सामने खड़ी मुश्किलों पर
गंभीर विचार-विमर्श चल रहा था
बदहवास घुसा भीतर वह मामूली आदमी और बोला चीखकर,
"अब देश एक ऐसे मुकाम पर आ गया है, जहाँ क्रांति के अलावा
कोई और रास्ता नहीं रह गया है।"
डिस्टर्ब हो गया सारा माहौल, सब भरभंड हो गया
मोटे चश्मे वाला बुजुर्ग संस्कृति-चिंतक बोला, "कला में यूँ
राजनीति को सीधे लाना ही तो सारे विनाश की जड़ है।"
"कला और विचारों की दुनिया में यूँ नारेबाजी?
हम प्रगतिशीलों का यह रोग कब छूटेगा?"—लगातार आत्मभर्त्सना करते
रहने वाला वामपंथी लेखक भुनभुनाया
फिर भी लेकिन एजेंडा बदल गया और क्रांति पर
होने लगा विचार, आने लगे नाना उद्‌गार!
एक बूढ़ा समन्वयवादी मार्क्सवादी बोला, "क्रांति की आँधी?
पर मार्क्स तो दूर, कहाँ है कोई अंबेडकर, लोहिया, जे पी या गांधी?"

एक सत्तर के दशक में लाल क्रांति के सपने देख चुका पुराना
अतिवामपंथी और अब संशयवादी हो चुका कवि बोला, "अजी, हम यह सब
करके देख चुके हैं, यहीं, इसी जगह, मंडी हाउस से कनाट प्लेस तक।"
मार्क्सवादी से ब्राह्मणवादी हो चुका एक आलोचक मुँह फुलकर बोला,
व्यंग्य से,
"कुछ लोग तो लगातार कर ही रहे हैं क्रांति अ‍ौर संतुष्ट भी हैं
अपनी उपलब्धियों से।"
एक युवा क्रांतिकारी शोध-छात्र बगल में बैठी अपनी प्रेमिका से फुसफुसाया,
"क्रांति की आग बस्तर से लगातार बढ़ रही है राजधानी की ओर,
हमें यहाँ कला और दर्शन में क्रांति के प्रश्न पर विमर्श कर
उसकी मदद करनी है।"
एक कहानीकार चीखा, "कैसे होगी क्रांति? यहाँ कहाँ है ऐसी पार्टी?
कम्युनिस्ट नक्कारे हैं, कुछ कर ही नहीं रहे हैं!"
एक दूसरा बोला उसे काटते हुए, "अजी, यह पूरा देश हिजड़ा है साला,
ये क्या क्रांति करेगा! इसे ठीक करेगा तानाशाही का डंडा!"
प्राचीन साहित्य के बूढ़े मर्मज्ञ ने मर्मर ध्वनि की, "क्रांति नहीं है हमारी
संस्कृति और हमारी परंपरा, यहाँ सबकुछ बदलता है शांति से, शनैः-शनैः।"
फिर सत्तर के दशक का दूसरा बूढ़ा युवा क्रांतिकारी कवि जिसका मिजाज़
इन दिनों कुछ शांतिवादी, कुछ सूफ़ियाना हो गया था, बोला आह भरकर,
"कैसे होगी क्रांति, क्रांति करने वाली शक्तियाँ नदारद हैं!
फिलहाल तो हमें फासिस्टों से अपने को और कला को बचाना है।
काश, आज गांधी होते! चलो राजघाट चलें!"

हिन्दी विभाग का एक मोटा-तुंदियल विभागाध्यक्ष, जो युवा अवस्था में वामपंथी
राजनीति कर चुका था, फटे गले से चिल्लाया, "क्रांति का ठेका लिये हुए
क्रांतिकारी तो कंपयूज हैं। अब तो शायद तभी कुछ होगा, जब
लोकतंत्र पूरी तरह समाप्त हो जाए।"
मार्क्सवादी से उत्तर-आधुनिक हो चुका कवि-कथाकार, जो विवादित हुआ था
प्राक्-आधुनिक के हाथों सम्मानित होकर, बोला बुद्ध की तरह, "क्रांति किस
वर्ग या वर्ण के पक्ष में? क्या हम उस वर्ग या वर्ण के लोग हैं? और क्रांति
यदि हो भी जाए
तो क्या गारंटी है कि अतीत की क्रांतियों की तरह विफलता, विचलन,
विघटन नहीं होगी उसकी नियति? अतः हे सज्जनो, क्रांति उत्पीड़ित
मनुष्यता का शाश्वत स्वप्न है। उसे वही बने रहने दो। यदि करने की

कोशिश करोगे तो
उत्पीड़ितों का वह स्वप्न भी छिन जाएगा।"

इस तरह सबने क्रांति न हो पाने के कारण बताए और तमाम दोषों और दोषियों की शिनाख़्त की, अपने को पूरी तरह दोषों और जिम्मेदारियों से बरी करते हुए एक रिटायर्ड क्रांतिकारी और वर्तमान एकेदेमीशियन बोला, "साला हमको तो कुछ समझे में नहीं आ रहा है!"
और भी ढेरों बातें हुईं, जैसे कि लाल की जगह लाल-नीली या सतरंगी क्रांति करने की गर्दन-तोड़ मौलिक बातें...
और फिर इस अनौपचारिक चर्चा को रोककर फिर से मूल एजेंडा पर विमर्श होने लगा

बाहर निकला वह आदमी ऊँचाई पर स्थापित उस आतंककारी भव्यता वाली अट्टालिका से और सीढ़ियाँ उतरते हुए पाया कि
संस्कृति और चिंतन का वह गरिमामय केंद्र
कुत्तों के गू की ढेरी पर खड़ा था!

बाज़ार

बाज़ार हमें खुश रहने का आदेश देता है
मौतों, युद्धों, अभावों, भुखमरी, और संगीनों के साये तले
बाज़ार हमें खुशियाँ ख़रीदने के लिए उकसाता है
बाज़ार एक मसीहा का चोला पहनकर हमें हमारी ज़िंदगी के
अँधेरों से बाहर खींच लाने का भरोसा देता है
बाज़ार हमें शोर और चकाचौंध भरी रोशनी की ओर बुलाता है
बाज़ार हमें हमारी पसंद बताता है
और बताता है कि सबकुछ ख़रीदा और बेचा जा सकता है।

हम बहुत सारी चमकदार और जादुई चीज़ें खरीदते हैं
और लालच, हिंसा, स्वार्थपरता, ईर्ष्या, प्रतिस्पर्द्धा
और ढेर सारी मानसिक और शारीरिक बीमारियाँ
उनके साथ-साथ घर चली आती हैं

कुछ लोग बाज़ार में बेचते हैं अपना हुनर
कुछ काम करने की क़ूव्वत
कुछ अपनी ज़रूरी चीज़ें
कुछ अपनी स्मृतियाँ, स्वप्न और कल्पनाएँ
और कुछ लोग अपनी आत्मा

बाज़ार पुरस्कृत करता है कवियों-कलाकारों-शिल्पियों को
बाज़ार समाजसेवियों को समाज-सेवा के लिए
मुक्त-हस्त मदद करता है और इस तरह
एक मानवीय चेहरा हासिल करता है
बाज़ार-विस्तार की नई संभावनाओं के साथ-साथ
अपने जादू के जोर से कोई भी चीज़ कहीं
बेच सकता है, जैसे कि कुत्ता-मंडी में कला
सूअरों के मेले में समाज-सेवा
और बैलों के हाट में बुद्धिमत्ता!
बाज़ार को जब दिखाना होता है कि वही है मानवता का भविष्य
और मुक्ति की सारी सम्भावनाएँ उसी की चौहद्दियों में क़ैद हैं
तो वह पूँजी की पतुरिया को
समाजवाद के परिधान पहनाकर उसके साथ
मधुयामिनी मनाने लगता है

हर रौशन बाज़ार के पीछे
गहन अँधेरे का एक विस्तार होता है
नीम उजाले के पैबंदों से भरा हुआ
जहाँ बाज़ार में अपनी हड्डियाँ और ख़ून बेचकर
लौटे हुए गुलाम पनाह लिये होते हैं
जहाँ नदियाँ सूखती होती हैं
धरती के नीचे पानी में ज़हर घुलता रहता है
ग्लेशियर सिकुड़ते होते हैं
पशु-पक्षियों की अनगिन प्रजातियाँ विलुप्त होती रहती हैं
जंगल कटते होते हैं और
खेत बंजर होते जाते हैं

जूतों पर एक काव्यात्मक विमर्श

(पूर्व-कथन—कुछ दोस्तों ने कहा कि राजनीति और
विचारधारा छोड़ कुछ दूसरे विषयों पर भी
कुछ गप-शप किया करो कभी-कभी।
सो मैं सोचती हूँ इस समय कि
जूतों को लेकर की जाएँ कुछ बातें!)

जूते यात्राओं से कभी नहीं थकते
धरती नापते हुए
उनका जीवन घिसता रहता है
जूते कभी शिकायत नहीं करते
बीहड़ रास्तों की

यात्राओं के अलावा
जूते पसंद करते हैं
कमीने और घटिया लोगों के
सिरों और पीठों पर बरसना
पर जूते आज़ाद नहीं होते
दुनिया के सबसे घटिया लोग
सबसे सुंदर जूते पहनते हैं
और आम लोगों को रौंदते हुए
चलते हैं
खदेड़े जाने पर वे जूते छोड़कर भागते हैं
जूते बेक़रारी से
उस दिन का इंतज़ार करते हैं

सबसे अभागे और उदास होते हैं
पूरी ज़िंदगी एक ही राह
चलते रहने वालों के जूते
ताउम्र घर से दफ़्तर
दफ़्तर से घर की दूरी
तय करते रहने वाले जूते

दिवंगत महापुरुषों के जूतों के
जीवन का सबसे बुरा दिन
तब आता है जब कोई कूपमंडूक
उनमें घुसकर श्रद्धापूर्वक
सो जाता है

तोल्स्तॉय अपनी मर्ज़ी से पहनते थे
गँवई किसानों जैसे जूते
और युवा गोर्की को मुफ़लिसी के दिनों में
यहाँ-वहाँ भटकते हुए
सबसे अधिक जिन चीज़ों की
चिंता करनी पड़ती थी
उनमें उनके सस्ते जूते भी शामिल थे
अलास्का की बर्फ़ ढँकी वादियों में
शायद अब भी कहीं दबे पड़े होंगे
जैक लंडन के छोड़े हुए स्नो-बूट
तस्वीरों में मौजूद प्रेमचंद का
फटा हुआ जूता आज भी गवाही देता है
एक लेखक के साहस और
ईमानदारी के पक्ष में

जूतों के जीवन पर सोचने के लिए
ऐसे समाज में लोगों के पास
भला कैसे समय होगा
जहाँ लोग अपने जीवन के बारे में भी
कुछ सोच नहीं पाते और इतिहास से
कुछ भी सीख नहीं पाते
मुझे लगता है इस तरह कविता में जूतों को लाकर
मैं कोई क़र्ज़ उतार रही हूँ
या एक किस्म का
कृतज्ञता-ज्ञापन कर रही हूँ
और साथ ही, कविता को मामूलीपन का
यशस्वी मुकुट पहना रही हूँ

जूते युद्ध का मैदान कभी न छोड़ने वाले
योद्धा के समान होते हैं
कहीं गली में, या पार्क में, या कूड़े के ढेर पर पड़े
एक अकेले जूते के पास बताने को
एक पूरा इतिहास होता है
और कई रोचक यात्रा-वृत्तांत
कुत्ते उसमें सूँघते हैं
शायद विस्मृत जीवन की कोई गंध
और उससे खेलते हैं
नुक्कड़ का बूढ़ा मोची
उसे उठा ले जाता है
और उसके अलग-अलग हिस्सों को
दूसरे घायल जूतों की मरम्मत में
खर्च कर देता है

(उत्तर-कथन—तो देखिए नागरिको, बातें अगर
जूतों पर भी हों
तो आ ही जाएँगे आपके विचार
जीवन, समय और समाज के बारे में
बशर्ते कि आप सोचने और महसूस करने की क्षमता
परित्यक्त जूतों की तरह
कहीं छोड़ न आए हों
और हालात अगर ऐसे ही बने रहे
तो वह दिन दूर नहीं जब
राजनीति पर आपको
जूते, छड़ी, झोला, चश्मा, घड़ी
या किसी और छोटी-मोटी चीज़ के बहाने
बात करनी पड़े
और फिर भी आप की सुरक्षा की
कोई गारंटी न हो)

जसिंता केरकेट्टा

युवा कवि जसिंता केरकेट्टा झारखंड के उराँव आदिवासी समुदाय से हैं। स्वतंत्र पत्रकार और सामाजिक कार्यकर्त्ता हैं। अब तक उनके तीन कविता-संग्रह प्रकाशित हैं—'अंगोर', 'जड़ों की ज़मीन' तथा 'ईश्वर और बाज़ार'। उनकी कविता के अनुवाद संथाली, अंग्रेज़ी, जर्मन, इतालवी और फ्रेंच में भी प्रकाशित हैं।

उन्होंने हार्वर्ड यूनिवर्सिटी, अमेरिका में कविता पाठ किया। फ्रेंच दूतावास, नई दिल्ली व फ्रेंच इंस्टीट्यूट के संयुक्त सहयोग से फ्रांस के पेरिस शहर में कविताओं का पाठ और लोगों से संवाद किया है। वे एशिया इंडिजिनश पीपुल्स पैक्ट, थाईलैंड द्वारा वायस ऑफ एशिया के रिकॉग्निशन अवार्ड से सम्मानित हैं।

उन्नीसवीं कवि जसिंता केरकेट्टा हैं। इनकी कविताओं में आदिवासी जीवन को बचाने, उसे समझने और इसका सम्मान करने की बातें शिद्दत से कही जाती हैं। इनका एक मासूम-सा सवाल है—यह देश जब जानवरों तक को बचाने की हैरतअंगेज कोशिशें करता है तब वह आदिवासियों को ही क्यों हतता हैं। यह देश तब क्यों नरभक्षी बन जाता है। विकास के नाम पर पेड़ों की हत्याएँ इस कवि को बेहद उदास कर जाती हैं। इनके सवालों में ही इतने सुलझे जवाब प्रस्तुत हैं कि 'कोई यहीं से नई दुनिया के लिए शब्द उठा कर ले जा सकता है' यानी कुछ ईंटें और मिट्टी। आदिवासी होना आख़िर धरती के क़रीब होना ही तो है। इनकी बातें आज भी क्यों आदिवासी ही सुनता है, दूसरे क्यों नहीं। इसलिए ही तो ये पूछतीं है, 'आदिवासी क्यों न प्रतिरोध करे' या फिर बताती हैं वह क्यों प्रतिरोध करता है।

—सम्पादक

पहाड़ और प्यार

प्यार जीवन से कब निकल गया
और किसी सिनेमा हॉल के
बड़े से पर्दे पर पसर गया
पता ही नहीं चला
अब उसे देखते हुए लोग
अपनी कल्पनाओं में प्रेम तलाशते हैं
पर प्रेम की जगह सिर्फ़ देह देख पाते हैं
और बाहर निकल
बच्चियों का बलात्कार करते हैं

जिन्हें लगा था कभी प्रेम हुआ है
वे भी नहीं जानते
वह प्रेम अब कहाँ रहता है
बिस्तर से उठने के बाद
क्यों देह ख़ाली-ख़ाली
मन भारी-भारी सा लगता है
और भीतर सिलवटों के सिवा
कुछ भी नहीं बचता है

कुछ लोग प्रेम के नाम पर
स्त्रियों का गला काट ले जाते हैं
कुछ गाय के प्रेम में पेड़ों पर
आदमियों को टाँग आते हैं
कुछ कथित देशप्रेम के नाम पर कहीं भी
किसी को भरी भीड़ में
मौत के घाट उतार देते हैं
इस तरह जानवर, ईश्वर, देश

सब प्रेम से इंसानों को मारने का
अंतहीन अभ्यास करते हैं

प्रेम इतना डरा हुआ है कि
अपनी जाति के भीतर छिपकर रहता है
वह भी जानता है
बाहर निकलते ही
किसी भी बहाने से मारा जाता है
ऐसे समय समाज के बीच भी
पहाड़ पर प्रेम कैसे साँस लेता है, जीता है

पहाड़ की साँझ जवानी की दहलीज़ पर
क़दम रखते ही किसी दिन
धांगड़ाबासा में घुस आती है
वहाँ आधी रात धांगड़ाबासा से निकल
कोई पास चला आता है
और स्त्री को सारी रात सुनता है
उसे धीरे-धीरे समझता है
और किसी भोर की तरह
उसके जीवन में उतरता है

आकाश के कैलेंडर पर दिन
ख़ुद की तारीख़ें बदलता है
और लड़की क्या चाहती है
दिन चढ़ने तक इसका इंतज़ार करता है
जब इंतज़ार की रातें ख़तम होती हैं
तब वह मनुहार दुलार और प्यार की बात करता है

पहाड़ स्त्री के नाम की गालियाँ नहीं जानता
वह ग़लत आदमी को ग़लत
झूठ बोलने वाले को झूठा
बेईमानी करने वालों को बेईमान
हत्या करने वाले को हत्यारा कहता है
सज़ा सुनाता है दंडित करता है

समाज से बहिष्कृत करता है
पर पुरुषों के सारे कुकर्मों के लिए
स्त्री योनि को दोषी नहीं ठहराता

पहाड़ पर साथ चलते-चलते
एक-दूसरे को सुनते-सुनते
साथ काम करते-करते
जब आने लगता है भीतर
दो इंसानों के एक होने का भाव
तब एक साथ वे कह उठते हैं
'हाँ यही तो है प्यार'

फिर पहाड़ और जीवन के लिए
प्यार के साथ बढ़ जाती है उनकी परवाह
पहाड़ बतलाता है
आदमी अकेला आया है अकेला जाएगा
सिर्फ़ प्यार ही अकेले आदमी को साथ लाता है
उनके साथ आने से जीवन साँस लेता है
इस तरह पहाड़ पर प्यार ज़िंदा रहता है।

स्त्रियों का ईश्वर

पिता और भाई की हिंसा से
बचने के लिए मैंने बचपन में ही
माँ के ईश्वर को कसकर पकड़ लिया
अब कभी किसी बात को लेकर
भाई का उठा हाथ रुक जाता
तो वह सबसे बड़ा चमत्कार होता

धीरे-धीरे हर हिंसा हमारे लिए
ईश्वर द्वारा ली जा रही परीक्षा बन गई
और दिन के बदलने की उम्मीद

बचे रहने की ताक़त
मैं ईश्वर के सहारे जीती रही
और माँ ईश्वर के भरोसे मार खाती रही

मैं बड़ी होने लगी
और माँ बूढ़ी होने लगी
हम दोनों के पास अब भी वही ईश्वर था
माँ की मेहनत का हिस्सा
अब भी भाई छीन ले जाता
और शाम होते ही पिता
पीकर उस पर चिल्लाते
वे कभी नहीं बदले
न माँ के दिन कभी सुधरे

मैंने ऐसे ईश्वर को विदा किया
और ख़ुद से पूछा
सबके हिस्से का ईश्वर
स्त्रियों के हिस्से में क्यों आ जाता है?
क्यों उसके पास सबसे ज़्यादा ईश्वर हैं
और उनमें से एक भी काम का नहीं?
वह जीवन भर सबको नियमित पूजती है
फिर पूजे जाने और हिंसा सहने के लिए
ताउम्र बुत बनकर क्यों खड़ी रहती है?

आदिवासी लड़कियाँ

किसी आदिवासी गाँव से गुज़रती कविता में
कुछ लोग ढूँढ़ रहे हैं
नदी में नहाती किसी आदिवासी स्त्री की नंगी पीठ
एक कपड़े में लपेट अपनी पूरी देह
भीगी-भीगी सी घर लौटती कोई जवान लड़की

कुछ ढूँढ़ रहे कविता में अब गोटुल
धुमकुड़िया गिति-ओड़ा
और आग के इर्द-गिर्द रातभर नाचते लोग
पीली रोशनी में सोने-सा चमकता सीना
और चिंगारी-सी कोई अल्हड़ हँसी

सुबह चुप-सी दीवार के पीछे
डरी लड़की की बाहर झाँकती दो आँखें
जो किसी अजनबी को देख
घुस जाती हैं घर के अंदर

जब वह धीरे-धीरे निकलती है
हँसती है बतियाती है
और बात-बात में हँसते हुए
उसका कंधा छू लेती है
तब वह समझता है
बहुत सस्ती है यह सहजता
और पलटकर फेरने लगता है
अपनी अँगुलियाँ उसकी पीठ पर

सालों बाद भी अपनी भूखी नींद में
वह ढूँढ़ता है उस लड़की की पीठ
बात-बात पर कंधा छू लेते उसके हाथ
कोई अल्हड़पन
कोई सहजता
जिसे वह हमेशा सस्ती ही समझता रहा

नींद से जाग वह चकराता है
अब किसी कविता में उसे
ऐसी कोई लड़की नहीं मिलती
कविता चलाती है उसकी पीठ पर हँसिया
तोड़ देती है उसकी गन्दी अँगुलियाँ
और चीख़ती है
बंद करो कविता में ढूँढ़ना आदिवासी लड़कियाँ।

मेरा आदिवासी होना

ना साड़ी, ना खोपा
ना गोदना, ना गहना
कुछ भी नहीं पहनती
फिर कैसी आदिवासी हो तुम?

अक्सर लोग पूछते हैं मुझसे
पर मैं उनसे कहना चाहती हूँ
धरती के क़रीब रहना ही आदिवासी होना है
प्रकृति के साथ चलना ही आदिवासी होना है
नदी की तरह बहना
और सहज रहना ही आदिवासी होना है
भीतर और बाहर हर बंधन के ख़िलाफ़
लड़ना ही आदिवासी होना है
और अपने सुंदर होने के सारे चिह्नों के साथ
ज्यादा मनुष्य होना ही आदिवासी होना है

पर किसी के मन में सिर्फ़ रह गया हो
कोई गहना, गोदना
और कोई नहीं समझ पाता हो
क्या होता है आदिवासी होना
तो मैं चाहती हूँ बदले समय में नए सिरे से
प्रतीकों में फँस गए हर भ्रम को तोड़ देना
इसी आदिवासियत के साथ बचा रह सकता है
धरती पर किसी का आदिवासी होना।

आदिवासी क्यों प्रतिरोध करता है?

अगर कोई यह कहता है
कि आदिवासी इस देश में सिर्फ़ प्रतिरोध करता है

तो हाँ वह प्रतिरोध करता है
इसलिए नहीं कि प्रतिरोध करना उसकी आदत है
इसलिए कि उसका हक़ जो छीन लिया गया
इसी देश के विकास के नाम पर
उस देश में वह सिर्फ़ अपना हिस्सा चाहता है
ज्यादा कुछ नहीं माँगता है

आदिवासी इस देश से कुछ पूछता है
इसलिए नहीं कि उसे सिर्फ़ सवाल पूछना आता है
इसलिए कि सिर्फ़ उसी से कोई नहीं पूछता
कि वह क्या चाहता है

अब अगर यह देश समझता है
कि आदिवासी इस देश का विकास नहीं चाहता
इसलिए प्रतिरोध करता है
सत्ता के खिलाफ़ रहता है
तो यह समझना चाहिए
कि यह देश अपने लोगों को
सीधे-सीधे और साफ़-साफ़ यह नहीं बताता
कि विध्वंस को विकास बताने वाला यह देश
शाकाहार बचाए रखने वाला यह देश
पेड़ और पशु की पूजा करने वाला यह देश
जब आदिवासियों की बली चढ़ाने आता है
उनको जिबह करने से ठीक पहले
ख़ुद जबरन अंधा और बहरा बन जाता है
ताकि उसे किसी की आवाज़ सुनाई ना दे
बोलता हुआ कोई आदिवासी दिखाई ना दे

ऐसे अंधे और बहरे देश में
ऐसे नरभक्षी देश में
अगर कोई आदिवासी
अपने जीवित रहने के हक़ के लिए लड़ता है
तो क्या ग़लत करता है?

समय की सबसे सुंदर तस्वीर

इस समाज में
पुरुष के भीतर के स्त्रीत्व की हत्या
बचपन से ही धीरे-धीरे की जाती है
उसके भीतर की स्त्री भी
एक दिन भागकर
किसी विश्वविद्यालय में ही बच पाती है

विश्वविद्यालय में ही युवा
इतिहास, भूगोल, गणित पढ़ते हुए
सीखते हैं समाज बदलना
और अपने ही नहीं
दूसरों के हक़ के लिए भी घर से निकलना
वे धीरे-धीरे पुरुष से मनुष्य होना सीखते हैं
और साथ संघर्ष करती स्त्रियों को भी
देह से ज़्यादा जानने, समझने लगते हैं

विश्वविद्यालय के युवा
आदमी के हक़ की आवाज़ उठाते हैं
व्यवस्था के लिए किसी आदमी को
मशीन भर हो जाने से बचाते हैं
लाश बनकर घर से दफ़्तर
और दफ़्तर से घर लौटते आदमी को
ज़िंदा होने की वजह बताते हैं

एक आत्मा विहीन समाज
जो पुरुषों को स्त्रियों से
सामूहिक दुष्कर्म करना सिखाता है
और उसकी हर हत्या पर
चुप्पी साधे रहता है
जहाँ सदियों से यही रीति चलती है
उसी समाज के किसी विश्वविद्यालय में

साथ पढ़ती, लड़ती स्त्रियाँ
घेरकर एक पुरुष को
पुलिस के निर्मम डंडों से बचाती हैं

विश्वविद्यालय ही पेश कर सकता है
किसी समाज को बेहतर बनाने की नज़ीर
विश्वविद्यालय से ही निकल सकती है
इस धरती को सुंदर बनाने वाली
समय की सबसे सुंदर तस्वीर।

मारे जाने के लिए

हथियारबंद पुलिस को जंगल में देख
गाँव के निहत्थे लोग भागने लगे
पुलिस ने कहा रुको, पर वे नहीं रुके
वे शहर की भाषा नहीं समझते थे
पुलिस ने झुंझलाकर गोली चला दी
और कुछ लोग मारे गए

पुलिस जंगल की भाषा नहीं समझती
आदिवासी पुलिस की भाषा नहीं समझते
उस दिन बच गए गाँव के लोगों ने सोचा
वे अपने बच्चों को शहर की भाषा सिखाएँगे
ताकि वे मारे जाने से बच जाएँगे

जंगल में फिर हथियारबंद पुलिस आई
उनकी भाषा समझने वाले लोगों ने
उन्हें देखकर पहले सवाल किया
पर इस तरह सवाल करने पर वे
बंदूक की बट से फिर मारे गए
कुछ ने उनके सवालों का जवाब दिया
पर वे उनके मनमाफ़िक जवाब नहीं दे सके
वे नहीं जानते कि किस आरोप में वे जेल गए

कोई भी भाषा जंगल के आदमी को
किसी भी अत्याचार से क्यों बचा नहीं पाती?
वे दिन-रात यही सोचते हैं
पर आज वे समझते हैं
दरअसल शहर की भाषा जानना या नहीं जानना
जंगल में बचे रहने की शर्त नहीं है
जंगल के लोगों के मारे जाने के लिए
जंगल में उनका होना भर काफ़ी है

जैसे दुनिया के किसी भी कोने में
किस्तों में मारे जाने के लिए
एक आदिवासी का
आदिवासी होना भर काफ़ी है
जैसे अमेरिका में बच गए
विस्थापित नेटिव अमेरिकन के मारे जाने
या आजीवन जेल में होने के लिए
उनका नेटिव होना भर काफ़ी है
जैसे काले लोगों के मारे जाने के लिए
उनका काला होना भर काफ़ी है।

परवाह

माँ
एक बोझा लकड़ी के लिए
क्यों दिन भर जंगल छानती
पहाड़ लाँघती
देर शाम घर लौटती हो?
माँ कहती है—
जंगल छानती
पहाड़ लाँघती
दिनभर भटकती हूँ
सिर्फ़ सूखी लकड़ियों के लिए
कहीं काट न दूँ कोई ज़िंदा पेड़!

उससे मेरा संबंध क्या था?

वो आम का पेड़
ठीक यहीं था सड़क किनारे
जहाँ से मुझे हर दिन
बस पकड़नी होती
बस जब तक पहुँचती नहीं
वह मुझे तंग करता
पहले मेरी ओर एक आम फेंकता
मैं ख़ुश होकर जैसे ही दाँत गड़ाती
'ये तो थोड़े खट्टे हैं' ग़ुस्से में बोलती
वह हँसता
तुम बस में सोती रहती हो न!
यह नींद भगाने के लिए था
अच्छा अब मीठे आम गिराता हूँ
सच्ची में!
और तब तक बस आ जाती

उस दिन बस पकड़ने सड़क पर पहुँची
वह ग़ायब था
सालों से मेरा ठीक यही इंतजार करता
वह आम का पेड़
कहाँ जा सकता है भला?
दूसरे दिन अख़बार में पढ़ी
उसके मारे जाने की ख़बर
मैं उस दिन ख़ूब रोई
जैसे मारा गया हो कोई घर का अपना
मैं उस दिन सोई नहीं रात भर
कैसे काट दिया गया वह यही सोच कर

दूसरे दिन दौड़ी उधर
सोचा उसकी गंध समेट ले आऊँगी
अपने आँगन में रोप दूँगी
उसकी गंध बढ़ेगी

तब मैं उसकी गंध लेकर
घर से निकलूँगी
लौटूँगी जब उसकी गंध को
आँगन में खड़ी पाऊँगी

मगर मेरे सपने टूट गए
धूल का बवंडर जब हँसने लगा मुझ पर
देखा मेरे आम के पेड़ की गन्ध
धूल के बवंडर से लड़ रही थी
बिलकुल गुत्थमगुत्था
मैं भागी थाने की ओर
यह रपट लिखवाने कि
मेरे साथी की हत्या हुई है
थाना ठहाके लगा कर हँसने लगा
डंडा दिखाता हुआ बोला
पहले तू बता
तेरा उसके साथ संबंध क्या था?

मैं आज तक दर-दर भटक रही
यही बताने के लिए कि
उसके साथ मेरा संबंध क्या था
मगर वहाँ कोई नहीं अब
ग़ायब हो चुका है सब
अब सिर्फ़ दूर-दूर तक धूल उड़ाती
चौड़ी सपाट सड़कें भर हैं।

मैं देशहित में क्या सोचता हूँ

मैं एक साधारण सा आदमी हूँ
व्यवसाय करता हूँ
रोज़ अपने फ्लैट से निकलता हूँ
और देर रात फ्लैट में घुसता हूँ
बाहर पहरा बिठाए रखता हूँ

टीवी देखता हुआ सोचता हूँ
कश्मीर में सभी भारतीय क्यों नहीं घुस सकते?
अच्छा हुआ सरकार ने 370 हटा दिया
और ये आदिवासी इलाके?
ये क्या बाहरी-भीतरी लगाए रखते हैं
वहाँ भी सभी भारतीय क्यों बस नहीं सकते?

मैं तो दलितों को जाहिल
और आदिवासियों को जानवर समझता हूँ
मुस्लिम और ईसाई को देशद्रोही
और इस देश से इन सबकी सफ़ाई चाहता हूँ

मैंने कभी जीवन में
गाँव नहीं देखे, बस्ती नहीं देखी
झुग्गी नहीं देखे, जंगल नहीं देखे
मैं किसी को भी ठीक से जानता नहीं
मुठ्ठी भर लोगों को जानता-पहचानता हूँ
जिन्हें मैं भारतीय मानता हूँ
और चाहता हूँ
ये भारतीय हर जगह घुसें
और सारे संसाधनों पर कब्ज़ा करें

देशहित में यही सोचता हुआ
अपनी फ्लैट में घुसता हूँ
बाहर पहरा बैठाए रखता हूँ
मेरे सुकून और स्वतंत्रता में दख़ल देने
यहाँ कोई घुस न पाए
इस बात का पूरा ध्यान रखता हूँ।

रुचि भल्ला

रुचि भल्ला का जन्म 25 फरवरी, 1972 को इलाहाबाद, उत्तर प्रदेश में हुआ।

'जनसत्ता', 'दैनिक भास्कर', 'दैनिक जागरण', 'प्रभात खबर', 'पहल', 'तद्भव', 'हंस', 'नया ज्ञानोदय', 'वागर्थ' समेत कई पत्र-पत्रिकाओं और ब्लॉग्स में उनकी कविताएँ, कहानियाँ और संस्मरण प्रकाशित हुए हैं। कुछ कविताएँ साझा काव्य संग्रहों में भी प्रकाशित हैं।

उनकी कहानी 'शालमी गेट से कश्मीरी गेट तक...' का प्रसारण रेडियो एफ.एम. पर हो चुका है। आकाशवाणी के इलाहाबाद, सतारा, हल्द्वानी तथा पुणे केंद्रों से भी उनकी कविताओं का प्रसारण हुआ है।

इस प्रस्तुति की बीसवीं और अंतिम कवि रुचि भल्ला हैं। इनकी कविताओं की भाषा और बिंब इतने नए और ताज़गी भरे हैं कि इन्हें पढ़ते हुए नए अहसासों के भीतर जाना संभव होता है। शहर इलाहाबाद इनके लिए एक ऐसे मेटाफर की तरह है जिसके ज़रिये न सिर्फ़ इसके लोप होने की बात वह कर पाती हैं, बल्कि उस डर को भी सामने लाती हैं जिसके भीतर ऐसी कई जानी-मानी चीज़ों और मूल्यों का लोप होना भी जाइ़ी (लगता) है। एक शहर के भीतर एक पुराना शहर, एक स्त्री के भीतर छिपती एक स्त्री—यह सिलसिला तभी शुरू होता है जब लोकतंत्र का मिट जाना भी एक सम्भावना बन जाए। आख़िर इलाहाबाद से ही तो लखनऊ और रामबाग़ जाना है सबको, और शाहीन बाग़ भी पहुँचना है।

—सम्पादक

शहर की तलाश

ईश्वर क्यों नहीं मिलता ऐसे
जैसे शराब होती है जाम में

अल्लाह भी क्यों नहीं मिलता ऐसे
जैसे कत्था-चूना होता है पान में

मैंने तलाशा ईश्वर को आईन्सटाईन के आविष्कार में

वेद व्यास की महाभारत में

अंतोन चेख़व की कहानियों में भी नहीं था भगवान

मैक्‌डोनाल्ड, बर्गर, टिक्की के पास भी नहीं पड़ती थी छाया

मैंने उसे सेब में तलाशा जहाँ हाथ आया था
न्यूटन के गुरुत्वाकर्षण का सिद्धांत

ईश्वर वहाँ भी नहीं था अरब सागर में
गहरे तले बैठी मछली के पेट में

अल्लाह मस्जिद की सीढ़ियाँ भी नहीं चढ़ा
ढूँढ़ते रह गए नमाज़ी कदमों के निशान

ईश्वर हुगली नदी में तैरती कश्ती पर भी नहीं बैठा

ठाकुर दा को जो मिल जाता
तो न कहते वह ऐकला चलो रे संसार से!

गांधी के पास जो होता
हे! राम कह कर न निकलते प्राण

भगत सिंह न कहते—
मैं नास्तिक हूँ

इलाहाबाद में भी नहीं था भगवान
जो होता बचा लेता शहर को अपने हाथ से

अल्लाह भी नहीं था उसके पास
दिखा लेता वह अपने हाथ का करतब

इलाहाबाद कहीं नहीं था
ईश्वर और अल्लाह की तरह सारे जहान में

उसके होने का वहम पाल रखा है दुनियावालों ने

वह शहर जो इतिहास हो गया
मिलेगा इतिहास की किताब की तरह
नए शहर की पुरानी होती लाइब्रेरी में।

एक हक़ीकत एक फ़साना

जबकि पुरानी कविताएँ आकृष्ट करती हैं

सोचती हूँ पुरानी होती दुनिया में
मेरे शहर के कवि ने नया क्या लिखा है

अब जब वक्त के पाँव वर्तमान के घेरे में खड़े हैं
वह कवि भविष्य के बारे में क्या सोचता है

सोचते हुए पड़ जाती हूँ सोच में
देखने लगती हूँ सह्याद्रि के पठार

पठार के आगे है दुनिया
दुनिया की पीठ से टेक लगाए खड़ा है इलाहाबाद

डूबा रहता है मेरे ख़याल में दिन-रात

संगम में जाकर मेरे नाम की डुबकी लगाता नहीं
मेरा नाम खो जाने का उसे डर लगता है

उसने खोया है शहर में अपना नाम
डर के भीतर रहता है मेरा शहर

जैसे रहती हैं लड़कियाँ अपने देश में

जबकि देश होता है घर
लड़कियाँ हैं घर की होकर भी बेघर

बेघर हैं इसलिए नहीं है घर की वह दीवार उनके पास
जिसकी कील पर टाँग सकें काली दुर्गा
लक्ष्मी बाई इंदिरा गांधी की याद

डर -डर कर वे पढ़ती रहीं हैं हनुमान चालीसा
डर कर चढ़ती रहीं हैं मंदिर की सीढ़ियाँ

चढ़ाती रहीं ताउम्र शिवलिंग पर जल
देव पुरुषों से माँगती रहीं निर्भय होने का वर

देश में रहते हुए नहीं मिल सकी उन्हें एक ऐसी सड़क
जहाँ बेखौफ़ लगा सकें रात में वे गश्त

दिन की सड़क पर अगर वे उतरीं तो भी मोमबत्ती
जला कर।

करेलाबाग़ से शाहीनबाग़ तक

कलयुगी चाँद से पूछा मैंने
कब आएँगे अच्छे दिन तुम्हारे

चाँद ने हँस कर कहा
मुझसे तो रात की बात करो

सूरज से भी दोहराया मैंने यही सवाल

सतयुग से नहीं पूछ सकी
गोकि मैंने कलयुग ही देखा

त्रेतायुग का राम देखने की अभिलाषा नहीं रही मेरी
द्वापर के कृष्ण को भी आवाज़ नहीं दी कभी

अनादि शिव पर भरोसा ज़रूर किया
शिव ईश्वर होते तो कोई और बात होती

शिव जपने का एक नाम रहा
नाम जपने पर मैं भरोसा करती रही

भरोसा मुझे प्रधान सेवक की बात पर भी नहीं था
जिसने जनता से कहा-आएँगे अच्छे दिन तुम्हारे

वह लोकतांत्रिक होता
तो बात कुछ और होती

प्रयागराज की ताजपोशी इलाहाबाद की गद्दी पर
न होती

फिर भी कहूँगी शुक्र है!
वह ईश्वर बना
जनता बनी भक्त उसकी

यह शुक्रतारे का कमाल था
कि डूबते तारे की भक्ति में जाना
हिंदोस्तान में एक बाग़
शाहीनबाग़ भी है

नहीं तो करेलाबाग़ की यह लड़की
इलाहाबाद के चक्कर में पड़ी रहती

लखनऊ की गाड़ी रामबाग से छूट जाती मेरी

कलयुग में वह ईश्वर न होता
शाहीनबाग़ की ईंट न खड़ी होती

शाहीनबाग़ रह जाता शाहीनबाग़ हो जाने से

एक ख़्वाब की हक़ीकत।

इस्तानबुल से इलाहाबाद तक

नाज़िम हिकमत कहते हैं—

"मैं तुम्हें देखता हूँ, इस्तानबुल लाख आँखों से
और मेरी पत्तियाँ धड़कती हैं
लाख दिलों के साथ धड़कती हैं
मैं गुलख़ाना बाग़ में अखरोट का एक पेड़ हूँ"

मैं उस अखरोट के पेड़ को देखती हूँ
सोचती हूँ
काश! हो पाती मैं इलाहाबाद के बाग़ का मीठा अमरूद
इस्तानबुल की गलियों से गुज़रते हुए
पहुँच जाती हूँ इलाहाबाद

दोस्त कहते हैं
लौट आओ!
कि अब शहर प्रयागराज है
इलाहाबाद नहीं रहा

मैं नाज़िम की नीली आँखों में देखती हुई
संगम के जल की सीढ़ियाँ उतरने लगती हूँ

बँधुआ वाले हनुमान जी अब मंदिर में नहीं रहते
चले गए हैं अक्षय वट को बचाने क़िले के अंदर

दरख़्त के नीचे जाकर सुस्ताते हैं
सोचते हैं...
लंका जलाना आसान था
मुश्किल था इलाहाबाद के नाम को बचाए रखना

राम लला भी कुछ नहीं कहते
भक्तों ने बाँध रखे हैं हाथ उनके

मैं नैनी पुल पर खड़े होकर बुड्ढा ताज़िया की ओर
देखने लगती हूँ
लाज की टोपी अब भी पहन रखी है मस्ज़िद ने सर पर

तारों भरे आसमान में
अब चाँद नहीं उगता
सूरज के सहारे रात काट लेते हैं लोग

ईश्वर से ज़्यादा मैंने लोगों पर विश्वास किया
लोग जिन्होंने बदल दिया मेरे शहर का नाम
छोड़ दिया मुझे तन्हा
पत्थर गिरजे के बाहर रोते हुए

दो हजार अट्ठारह की दोपहर तबसे बीतती नहीं है
सूली पर टंग गई जाकर यीशू की कील के साथ

एक राहगीर ने रोते देख कर
किया था मुझसे सवाल
तुमने क्या किया है अपने शहर के लिए

मैंने उससे जवाब में कहा—
क्या तुमने देखा है इस्तानबुल
गुलख़ाना बाग़ में लगा है अखरोट का पेड़
जिसका नाम है नाज़िम हिकमत

मैं वह पेड़ नहीं हो सकी

इलाहाबाद की मोहब्बत में पत्थर हो गई

मैं पत्थर दिल अब बोल नहीं पाती
कि जिस शहर से प्यार किया मैंने किसी की तरह
शहर का नाम लोग बदल सकते हैं
मैं मोहब्बत का नाम बदल नहीं सकती।

बत्तीस दाँतों का सच

जब मेरे दाँत दूध के थे

मोहनदास करमचंद गांधी की तस्वीर मैं तबसे
बापू के नाम से पहचानती रही

नमक का स्वाद चखने से पहले
नहीं जानती थी नमक सत्याग्रह के मायने

एक किताब में पढ़ा था
जवाहर लाल नेहरू हिंदोस्तान के ख़ज़ाने का जवाहर हैं

किताबें झूठी नहीं थीं
उनका सच
ज़्यादा सच बोलने वालों ने
पढ़ते-पढ़ाते बदल दिया

मैं कलयुग का काला जादू देखती रही

देखते-देखते टूटते रहे मेरे दूधिया दाँत

दाँत टूटना करिश्मा नहीं था

हैरतअंगेज़ था जानना कि बापू को
अपने देश में गोली मार दी

इंदिरा जो थीं लौह महिला
सफ़दर जंग रोड पर एक सुबह सारा लोहा पिघलता देखा

सन् 84 के बाद किसी ने इंदिरा प्रियदर्शनी को देखा नहीं

अचानक वह इतिहास की किताब के एक पन्ने में
दर्ज़ हो गईं

यह अलग बात है राजधानी की किसी लाइब्रेरी में
इतिहास की वह किताब हाथ लगती नहीं

बाइबिल में लिखा है यीशू ने जहाँ सलीब को ढोया
मैं उस जेरुसलेम को उनका जन्मस्थल समझती थी

सुकरात का जीवन दर्शन इतना तो कठिन नहीं था
जितनी सरलता से थमा दिया क्रीटो ने विष का प्याला

मैं और नाम नहीं गिनाऊँगी
टूट कर गिरते जाएँगे मेरे बत्तीस दाँत

जिन किताबों को पढ़ कर बड़ी होती गई
सीखा जीवन का पाठ

उनका लिखा खारिज़ करते देखना उतना ही कठिन है
जितना कठिन है देखना अपने टूटते हुए दाँत।

मेरी आँखों में ठहरा शहर

इससे पहले कि कह सकूँ
आई एम प्राउड टू बी एन इंडियन

हिंदू होने का मतलब तब तक नहीं जाना
जब तक मुस्लमाँ को नहीं देखा था

बशीर मियाँ की बग़ीची में खिला गुलाब देखती हूँ
जाना नामदास माली के हाथों का बोया बीज है

बंटी बिल्ली को देखा करती हूँ
सकीना बी के घर के दूध से उसका मन भर पेट
भरता है

दादी बताती थीं सन् 66 में हामिद मियाँ लाते थे अंडे
रसोई में तबसे बनती है एग करी

लाल कॉलोनी के बाहर जाने का रास्ता
रसूलपुर की सड़क से होकर गुज़रता है

रियाज़ होता था नुक्कड़ की दुकान में
दालमोठ खाता हुआ

उससे निगाह मिलने का मतलब
हिंदू-मुस्लमाँ होना नहीं होता था

आज भी उसके पठानी सूट का बादामी रंग याद है मुझे

रियाज़ से ज्यादा उसकी हीरो होंडा अच्छी लगती थी

वह हीरो होंडा का ज़माना था

उस ज़माने में हुई दोस्ती की बात करूँगी
कहकशाँ के नाम का अर्थ है—सितारों का झुरमुट

मेरे लिए कहकशाँ चाँद है

चाँद वह नहीं जो मस्जि़द का ताज होता है
मन्दिर में जलता दीपक भी नहीं

मेरे लिए चाँद तश्तरी है जिस पर रख कर खाते थे तहरी
कहकशाँ के हाथ से लेकर पहला निवाला

हाँ! मैं हिंदू हूँ
यह मैंने जाना मुस्लमाँ की नज़र के आईने में देख कर

जाना कि ज़्यादा हिंदू होने के लिए
थोड़ा मुस्लमाँ भी होना पड़ता है

उतना जितना तहरी में होता है नमक

दोस्ती के नमक को चखते हुए
मैंने देखा एक दोपहर मौलवी और पंडित को
खाट पर बैठे हुए

दो दोस्त एक बीड़ी सुलगा रहे थे

उनके कश में धुआँ हो रहा था धर्म और मज़हब।

दो जाम

'ग़ालिब' छुटी शराब पर अब भी कभी -कभी
पीता हूँ रोज़-ए-अब्र ओ शब-ए-माहताब में'

ग़ालिब कूच कर गए दुनिया से
चाँद रह गया तन्हा

मोहब्बत करने वाले अब भी हैं
मोहब्बत का दुनिया में निशाँ नहीं रहा

जैसे मयख़ाने नहीं रह गए बीच बाज़ार में
रह गई है नाम की मधुशाला
शहर की आख़िरी गली के संग्रहालय में

यक़ीन न आता हो मयख़ाने में जाकर पूछ लो
क्या अब भी आती है बच्चन की साक़ी हाला

मेरा शहर तो इस दौर में गुमनाम हुआ
किस पथ पर चल कर जाएगा कोई मधुशाला

जिस शहर के बाशिंदे अपने शहर का नाम न बचा सके
क्या खोल सकेंगे मयख़ाने का बंद ताला

चले गए हैं शहर के सारे शराबी
जैसे चले गए ग़ालिब -बच्चन जहाँ से

बची रह गई हैं चुनावी पार्टियाँ

कुछ हिंदू रह गए
रह गए कुछ मुसलमाँ

भाईचारे के नाम पर टकरा सकें
ऐसे दो अदद जाम न रहे

यूँ तो काँच के बर्तन बहुतेरे बिक रहे हैं
हिंदोस्ताँ के सरे बाज़ार में।

एक काफ़िर ने कहा...

आप आगरा को अग्रवन कह सकते हैं
कह सकते हैं मुझे काफ़िर

शाहजहाँ का नाम नहीं बदल पाएँगे
मुमताज़ भी रहेगी मुमताज़

ताज भले खो सकता है ताज

कब्र खोदने के इस दौर में
देश न खो बैठे अपना नाम

देश की पेशानी पर पड़ जाते हैं बल

बल देखते हुए दत्तात्रेय फूँकता है पताका बीड़ी
जानता है बीड़ी पीना ग़म का इलाज नहीं

देश का हाथ थाम कर नहीं ले जाता राजवैद्य के पास
पठार पर बैठा देखता है दिन में तारे

दत्तात्रेय ज्योतिषी नहीं
होता तो देखता देश का पंचांग

मैं फिर भी नहीं पूछती उससे देश का भविष्य
देश की कुंडली अभी सरकार के हाथ में है

सरकार के हाथ देखने से बेहतर
मैं दत्तात्रेय का हाथ देखती
जो लिखता है सुफला के प्रेम में खुले ख़त

मैं देखती लौतिफ़ा का हाथ
छुरी से एक टमाटर के काट देती है स्लाइस साठ

मैं उस बच्चे का हाथ देखती हूँ
जिसकी उड़ रही है खुले आसमान में पतंग

हरिभाऊ किसान के हाथ जिसने रँग दिए हैं
तिरंगे के रंग में बैलों के सींग

बैल जो चलते जा रहे हैं
फलटन की सड़क पर निर्भीक

उन्हें अपने नाम बदल जाने का किसी से कोई
ख़तरा नहीं।

दो दिल एक राह

दो शहर होते हैं दो दिल
दो दिलों के बीच से निकलता है रास्ता

रास्ता जो जाता है मंज़िल तक

मैं मंज़िल के सफ़र पर चलती देख रही हूँ आफ़ताब

आप आफ़ताब को कह सकते हैं सूरज
जैसे मैं कहती हूँ चाँद को माहताब

दो कबूतरों ने पहन लिया है सूर्य किरणों का हार
रचा लिया है बादशाही मस्ज़िद की गुंबद पर स्वयंवर

स्वयंवर की बात से बेख़बर
एक बुलबुल जा बैठी है कीकर के झाड़ पर

उसके पाँव में कीकर का काँटा नहीं चुभता

हवा दम साधे देखती है बुलबुल का करतब
हवा के चेहरे का रंग बदलता जाता है

बदलता तो सूरज भी है

सुबह का सूरज
शाम का सूरज नहीं होता

बदलती तो हवा भी है रुख़
देश की हवा एक चाल नहीं चलती

फलटन की हवा दिल्ली जैसी नहीं
गोवा की हवा भी जैसेलमेर-सी नहीं

फ़र्क होता है हवा हवा में

अयोध्या की हवा में जब झुला रहे हैं लोग
राम लला का झूला

एक नीलकंठ जा बैठा है फलटन कोर्ट की लाल दीवार पर

उसका काम ईश्वर के बग़ैर चल जाता है

हवा के बिना नहीं चलता।

दुनिया टाइटैनिक जहाज नहीं

यह दुनिया कागज़ी नक़्शा नहीं कि नक़्शे को मोड़ कर
टाइटैनिक जहाज की डूबती शक्ल दे दी जाए

मैं सोचती हूँ सपने में

बेशक़ यह सपने में डूबता जहाज देखने का दौर नहीं

इस दौर में याद आती हैं नाज़िम हिक्मत की कविताएँ

कवि नहीं रहते
बची रहती है प्रेम शब्द की तरह कविताएँ

जैसे बची हुई है मेरे पास इलाहाबाद नाम की स्मृति

फलटन में ऐसी कोई जगह नहीं
जहाँ मैं रख सकूँ याद इलाहाबाद की

मेरे आँगन में रोज़ पठारी कव्वा उड़ा आता है
उड़ा कर ले जा सकता है याद पेस्ट्री की

क्या तुम्हें याद है रफ़ीक!
वह शाम कैलकटा पेस्ट्री शॉप की

जहाँ खाई थी तुमने सन् 94 की गर्म शाम में
पाइनएपल पेस्ट्री

पेस्ट्री नहीं, पेस्ट्री की कसम खाई थी
खाई थी दो अक्षरों के नाम की

वह नाम इलाहाबाद नहीं जो बदल जाएगा

अब जबकि तुम रहने लगे हो नवाबों के शहर में
याद आता होगा तुम्हें चंद्रलोक का चौराहा भी
उसकी दाईं गली में होता था घर आसमानी

उसकी खिड़की के नाम तुमने नहीं लिखा ख़त
कोई गुलाबी

छोड़ो उस ख़त की बात
क्या याद आती है तुम्हें नेतराम की कचौड़ी

कचौड़ी खाते हुए तुम गीत गाते थे
ओ! प्रिया, ओ! प्रिया

प्रिया ने तुम्हारी आवाज़ कभी नहीं सुनी

नेतराम की आलू सब्जी की देसी घी से तर बात भी छोड़ो
क्या लखनऊ में तुम्हें मिला एक और सुलाकी

बीए एच एस स्कूल तो नहीं होगा नवाबों के शहर में
न मिलेगी जी एच एस स्कूल की पासआउट वह
सन् 94 की लड़की

कहते थे तुम मुँह चिढ़ा कर उसे 'किशमिश'
उसे तुम शर्तिया भूल गए

भूलने लायक था उसका चेहरा

दुनिया का सबसे सादा
ऐसा कहते थे तुम मुझसे

मैं कौन
मैं तुम्हारी प्रिया नहीं

जैसे किशमिश मेरे लिए मेवे का नाम नहीं

और यह दुनिया शर्तिया टाइटैनिक का डूबता जहाज नहीं।